張伯傳
장백전

<지만지한국문학>은
한국의 고전 문학과 근현대 문학을 출간합니다.
널리 알려진 작품부터
세월의 흐름에 묻혀 이름을 빛내지 못한 작품까지
적극적으로 발굴합니다.
오랜 시간 그 작품을 연구한 전문가가
정확한 번역, 전문적인 해설, 풍부한 작가 소개, 친절한 주석을
제공합니다.

張伯傳
장백전

작자 미상
주수민 옮김

대한민국, 서울, 지만지한국문학, 2023

편집자 일러두기

- 이 책은 김동욱 편, 《영인 고소설 판각본 전집》
  제5권(연세대학교 인문과학연구소, 1973)에 수록된 경판
  28장본 〈댱빅젼(張伯傳) 권지단(卷之單)〉(런던 대영박물관
  소장)을 저본으로 삼았습니다.
- 현대어역은 현대 독자가 쉽게 이해할 수 있도록 원문의 의미를
  벗어나지 않는 범위 내에서 자연스럽게 윤색을 가했습니다.
- 원문은 저본의 표기를 그대로 따르되, 한자를 병기하고
  구두법과 띄어쓰기만 현대 문법에 맞게 옮긴이가
  바꾸었습니다.
- 원문에 〈1a〉, 〈1b〉와 같이 저본의 쪽수를 표시하여 쉽게 대조할
  수 있도록 했습니다.
- 원문이 훼손되어 판독할 수 없는 부분은 글자 수 만큼 ○로
  표시했습니다.

차 례

장백전 · · · · · · · · · · · · · · · · · · 1
원문 · · · · · · · · · · · · · · · · · · 89

해설 · · · · · · · · · · · · · · · · · · 169
옮긴이에 대해 · · · · · · · · · · · · · · · 186

명나라를 창업한 홍무제(洪武帝) 주원장(朱元璋)이 초상.
'주원장'은 이 작품에서 주인공 '장백'과 함께
명나라를 창업한다.

장백전

원나라 시절 능주[1] 땅에 한 재상이 있었으니 성(姓)은 '장'이요, 이름은 '충'이며, 자(字)는 '문경'이었다. 장공(張公)은 본래 한나라 사람인 장량[2]의 후예로 그의 집안은 공후(公侯)와 장상(將相)이 끊이지 않았고 대대로 공을 세워 이름이 세상에 드러났으며 충효를 두루 갖추고 있었다. 상공 또한 벼슬이 좌복야[3]에 이르렀으며 위로는 나라에 충성이 지극하였고 아래로는 만인에게 덕을 베풀었다. 그러나 나이 오십이 되도록 후사를 잇지 못하고 다만 딸 하나를 두었으니 장공 부부는 매양 슬퍼했다. 그러다 보니 장공은 벼슬에도 뜻이 없었고 심사도 편치 않아 관직을 버리고 고향으로 돌아가 농업을 하며 세월을 보냈다. 그러나 세상에 남녀의 분별이 없었다면 광음[4]이 흐르는 것을

---

1) 능주(陵州) : 지금의 중국 사천성(泗川省)의 인수현(仁壽縣) 및 정연현(井研縣)에 해당하는 지역.

2) 장량(張良) : 한고조(漢高祖) 유방(劉邦)을 도와 한나라를 세운 개국공신.

3) 좌복야(左僕射) : 전근대 동아시아의 고위 관직인 상서좌복야(尙書左僕射)를 말함. 좌복야와 우복야로 이루어진 상서복야는 중국 진(秦)나라 때 처음 설치되어 한나라를 비롯한 여러 왕조로 이어졌으며 한반도에서는 고려 때 상서성(尙書省)에 장관급으로 설치되었고 조선 정종 2년(1400)에 폐지되었음.

잊었을 것이로되 평생 아들이 없어 서러운 마음은 사라지지 않았다. 그러던 어느 날, 장공이 부인과 함께 술을 마시다가 부인께 잔을 권하며 말했다.

"무정한 세월이 흐르는 물과 같아 우리 부부의 나이가 많으니 후사 얻기를 바라지는 못할 것입니다. 그러나 딸아이가 장성하였으니 빨리 사위를 얻는다면 어찌 즐겁지 않겠습니까? 또한 우리의 가산이 넉넉하니 명산대찰(名山大刹)에 재물을 바치고 정성을 들인다면 혹 성(姓)을 전할 자식을 얻을지도 모릅니다."

부인이 슬픈 마음에 탄식하며 말했다.

"상공5)께서 사람들에게 덕을 베푼 것은 모두가 아는 바인데, 제사를 받들 자손을 두지 못하셨으니 이는 제가 덕이 없어서입니다. 그러니 모름지기 상공께서 지금이라도 어진 첩을 들여 자손을 보신다면 어찌 다행한 일이 아니겠습니까?"

---

4) 광음(光陰) : 햇빛과 그늘, 즉 낮과 밤이라는 뜻으로, 시간이나 세월을 이르는 말.
5) 상공(相公) : 재상 혹은 지체 높은 집안에서 아내가 남편을 높여 부르는 말.

장공이 위로하며 말하기를,

"부인은 망령된 말씀으로 심란한 회포를 만들지 마세요."

하고는 두루 정성을 들이자고 했다. 하루는 장공이 심회가 어지러워 산천 가운데 경치가 빼어난 곳을 찾아 놀다가 몸이 곤하여 바위 위에 앉았다. 시동6)에게 술과 안주를 가져오라 하고는 한가히 있었는데, 홀연 노승(老僧)이 육환장7)을 짚고 다가와 절을 하며 말했다.

"소승(小僧)은 천축국8)에 있는 금강사의 화주9)입니다. 부처님을 위하여 두루 다니며 시주를 청하고 있습니다. 만일 상공께서 허수히 보지 않으신다면 적선(積善)하시기를 바라나이다."

장공이 그 중을 자세히 보니 선풍도골10)에 기상이 웅

---

6) 시동(侍童) : 지체 높은 사람 밑에서 심부름하던 아이.

7) 육환장(六環杖) : 고리가 여섯 개 달린 지팡이.

8) 천축국(天竺國) : 옛날 중국에서 인도를 부르던 명칭.

9) 화주(化主) : 민가를 다니며 부처의 말씀을 전하고 시문(施物)을 얻어 절에 양식을 대는 화주승(化主僧).

10) 선풍도골(仙風道骨) : 신선의 풍채와 도인의 골격이라는 말로 남달리 뛰어난 풍채를 이름.

장할 뿐 아니라, 기질이 맑고 빼어나 보통의 승려들과는 달랐다. 이에 장공이 황망히 답례하며 말했다.

"스님께서 부처를 위해 천 리 길도 멀다 여기지 않고 나를 찾아왔으니 어찌 감격지 아니하리오? 나는 죄악이 심히 중하여 후사를 끊게 되었기에 죽은 뒤 훗길이나 닦고자 평생 시주를 즐겨 하였습니다. 그러니 스님의 말을 듣고 어찌 참여하지 않겠습니까?"

하고는 권선[11]을 달라고 하여 '황금 일백 양'이라 적고 말했다.

"이것이 적으나 정성으로 발원(發願)하나니 스님께서는 불쌍히 여기소서."

장공이 노승과 함께 집으로 돌아와 금을 내어 주니 노승이 백배사례(百拜謝禮)하며 말했다.

"상공의 은덕으로 퇴락한 절을 수리하여 부처께서 비바람을 면하겠사오니 어찌 공덕이 지극하지 않겠습니까? 만일 세존이 감동하시면 귀한 자식을 점지할 것이니 상공은 과도히 염려치 마소서."

---

11) 권선(勸善) : 불교에서 절을 짓거나 불사를 위하여 신자들에게 보시(布施)를 청하는 일. 여기서는 보시의 내용을 적는 종이를 말함.

말을 마친 노승이 작별을 고하고 가니 그가 간 곳을 알 수 없었다. 이 모습을 본 장공은 신기하게 생각하여 부인에게 여러 말을 이르며 마음을 정하지 못했다. 하루는 부인이 밤이 깊도록 잠을 이루지 못했는데 문득 노인이 나타나 구슬을 주며 말했다.

"이것은 하늘나라의 추성12)입니다. 상제(上帝)께 죄를 짓고 인간 세상에 내쳐졌는데 금강사 부처께서 이 댁으로 가라 지시하셨으니 부인은 귀히 길러 후사를 이으소서."

부인이 구슬을 받으니 서기와 광채로 눈이 부셨으나 자세히 보니 그것은 구슬이 아니라 옥동자였다. 이에 깜짝 놀라 깨달으니 모두 꿈이었다. 부인이 신기하게 생각하여 장공께 꿈속에서 있었던 일을 말했더니 장공이 매우 희한하게 여겨 말하기를,

"나 또한 지난밤에 부인과 같은 꿈을 꾸었으니 이는 분명 심상치 않은 일입니다."

하며 즐거워했다. 과연 그달에 부인이 잉태하여 열 달이 되었는데, 하루는 집안에 향내가 진동하며 옥동자가 탄

---

12) 추성(樞星) : 북두칠성의 머리 쪽에 있는 네 개의 별 가운데 첫 번째 별.

생하였으니 어찌 즐겁지 않겠는가. 장공 부부는 매우 기뻐하며 아이의 이름을 '백'이라 짓고, 자(字)를 '운부'라 했다.

세월이 흐르는 물과 같아 어느덧 장백의 나이 일곱 살이 되었는데 늠름한 풍채는 선풍도골이요, 표표한 거동은 천지를 기울일 만하였으니 이른바 만고영걸13)이었다. 장공 부부가 장중보옥(掌中寶玉)과 같이 매우 사랑하여 글을 가르치니 장백은 하나를 들으면 백을 깨우쳤다. 장공은 말년에 뛰어난 아들을 얻은 즐거움을 이기지 못하여 부인께 말했다.

"이제 이렇게 뛰어난 아들을 얻었으니 추호라도 한스러운 것은 없으나, 다만 우리 부부의 여생이 얼마 남지 않았으니 남매의 재미를 보지 못할 것 같아 근심입니다."

부인이 대답했다.

"상공의 어지신 덕으로 첩14)이 막대한 죄를 면하였으니 이제 죽어도 여한이 없습니다."

---

13) 만고영걸(萬古英傑) : 세상에 유례가 없을 만큼 뛰어난 영웅.
14) 첩(妾) : 본처 외에 데리고 사는 여자를 말하나 여기서는 결혼한 여자가 윗사람에게 자기를 낮추어 이르던 일인칭 대명사로 쓰임.

장공이 그해 가을 갑자기 병을 얻었는데, 이후 병세가 점점 위중해지자 스스로 일어나지 못할 줄 알고 장백의 손을 잡고 부인을 돌아보며 말했다.

"나의 병이 가볍지 않아 황천길을 면치 못할 것이니, 부인이 백을 잘 길러 몸을 보호하고 딸아이의 혼사를 서둘러 영화를 보신다면 떠나가는 혼백이라도 감사할 것입니다. 그러나 봉황(鳳凰)이 쌍을 지어 노닐듯 저희 남매가 짝을 만나 함께하는 것을 볼 수 없으니 어찌 슬프지 아니하리오?"

장공이 또한 딸아이를 어루만지며 말했다.

"너는 내가 죽더라도 과도히 슬퍼 말고 동생을 보호하고 모친을 위로하며 집안일을 다스리되 남의 말을 쉽게 듣지 말거라."

하고는 새 옷으로 갈아입고 침상에 누워 졸하니, 공의 나이 육십 세였다. 일가가 매우 슬퍼하였으며 부인과 장 소저가 자주 혼절하여 정신을 차리지 못하니 장백은 울음을 그치고 모친을 위로하고 누이를 보호하였다. 또한 초상(初喪)의 모든 절차를 법도에 맞게 하였으니 가히 어른이라도 미치지 못할 정도였다. 길일을 택히어 장공을 선산에 안장한 지 삼 년이 되어 종상(終喪)을 하자 부인이 슬픔을 이기지 못하여 장백의 손을 잡고 말했다.

"너희 남매가 혼인하는 것을 보지 못하니 가슴에 한이 맺히나 나는 너희 부친의 뒤를 따를 것이다."

하고는 숨을 거두니 장백 남매는 하늘을 우러러 슬피 통곡한 뒤 상구(喪具)를 극진히 마련하여 선산에 부모를 합장했다. 그리고 조석제전15)을 매번 엄격하게 드리니 가산은 점점 탕진되었고 노복들도 자연히 흩어져 빈집이 되었으니 백의 남매가 서로를 의지하여 밤낮으로 애통해하는 모습은 차마 볼 수 없을 정도였다. 이때 장백의 나이는 열 살이었다. 또한 장 소저는 십칠 세였는데 비록 육 년이나 초토16)에 몸을 버리고 애를 썼으나, 화용월태17)는 동방의 밝은 달과 같았고 옥빈홍안18)은 아침에 피어나는 모란과 같았으니 동네 사람 가운데 공경하여 우러러보지 않는 이가 없었다.

---

15) 조석제전(朝夕祭奠) : 아침저녁으로 영전에 지내는 제사.

16) 초토(草土) : 거적자리와 흙 베개라는 뜻으로 상중(喪中)에 있었음을 비유한 말.

17) 화용월태(花容月態) : 꽃 같은 얼굴과 달처럼 아름답고 고요한 모습으로 아름다운 여인의 얼굴과 맵시를 비유한 말.

18) 옥빈홍안(玉鬢紅顔) : 옥 같은 귀밑머리와 붉은 얼굴이라는 뜻으로 아름다운 젊은이를 이르는 말.

차설.19) 이때 양주 땅에 왕평이라는 사람이 살았다. 왕평은 본래 호방한 성격으로 남경(南京)에서 크게 장사를 하고 있었는데, 마침 능주 지역에서 물건을 환매(換買)하다가 장 소저의 미모가 뛰어나다는 말을 듣게 되었다. 왕평은 장 소저를 재취(再娶)로 삼고자 그녀와 혼인하게 해주는 사람이 있으면 상으로 천금을 주겠다고 하였더니, 장 소저 동네에 사는 한 노파가 이 말을 듣고 찾아와 말했다.

"장 소저는 인물이 절색일 뿐 아니라, 본디 일국(一國) 충신의 딸인지라 필경 도모할 수 없을 것입니다. 그러나 제게 계교(計巧)가 있어 여차여차하면 반드시 취할 수 있을 것이니, 이것은 제갈공명20)이 조조21)를 잡던 계교입니다. 그대의 뜻은 어떻습니까?"

왕평은 크게 기뻐하며 즉시 노파에게 천금을 주고는 실수가 없기를 당부했다. 노파는 집으로 돌아와 밤을 지

---

19) 차설(且說) : 고전소설에서 이야기하던 내용을 그만두고 화제를 돌릴 때 그 첫머리에 쓰는 말.

20) 제갈공명(諸葛孔明) : 중국 삼국시대 유비(劉備)가 세운 촉한의 정치가이자 전략가인 제갈량(諸葛亮)을 말함.

21) 조조(曹操) : 중국 후한 말기의 정치인으로 삼국시대 위(魏)나라의 초대 황제.

내고 이튿날 장 승상 댁으로 가 소저를 불쌍히 여기며 위로하여 말했다.

"아가씨가 이제 전과 같지 않아 위로는 부모가 안 계시고 아래로는 노복이 없어 다만 어린 동생뿐이라 매우 적막하니 이 노파 또한 심히 슬프고 걱정스럽습니다. 그러나 아가씨가 거야촌에 있는 외가로 가 의지한다면 적막함을 면할 수 있을 뿐 아니라, 장차 영귀(榮貴)하게 될 것이니 어찌 기쁘지 않겠습니까?"

장 소저가 듣고는 옳다고 여겨 장백과 함께 가겠다고 하니 노파는 응낙하고 자기 집으로 돌아가 쉬었다. 그리고 다음 날 다시 장 승상 댁을 찾으니 장 소저는 이미 교자[22]를 준비해 놓고 기다리고 있었다. 노파는 장 소저와 장백을 거느리고 거야촌으로 향했다. 그런데 장 소저를 실은 교자가 수풀로 들어가자 갑자기 건장한 도적 십여 명이 달려들어 장 소저를 말에 싣고 풍우(風雨)같이 달아났다. 장백은 어쩔 줄 몰라 하늘에 부르짖으며 통곡을 하다가 집을 찾아 돌아왔는데 노파가 어디로 갔는지 알 수 없

---

22) 교자(轎子) : 한 사람이 안에 타고 둘이나 넷이 들거나 메던 조그만 집 모양의 탈것.

었다.

차설. 도적에게 잡혀간 장 소저는 혼비백산(魂飛魄散)하여 정신을 차리지 못하고 장백의 이름을 부르짖다가 분노와 설움을 견디지 못하여 차라리 몸을 마쳐 세상을 버리고자 했다. 그러나 동생의 생사를 알지 못하니 함부로 죽을 수도 없었으며, 다행히 화망(禍網)에서 벗어난다면 다시 장백의 얼굴을 볼 수 있을 것이라 헤아리며 눈물만 흘리고 있었다. 날이 저물자 도적들은 한 주점을 잡고 쉬었는데, 왕평은 자주 장 소저를 찾아 위로의 말을 건넸으며 밤이 깊어지자 조용히 소저의 방으로 들어와서는 달래듯 말했다.

"우리가 이렇게 된 것은 하늘이 정하신 연분인지라 어쩔 수 없으니 함께 취침하기를 청하노라."

그 말을 들은 장 소저는 분한 마음이 크게 일어나 손에 촌인[23]이라도 있었다면 바로 그놈을 찔러 죽이고 싶었으나 속수무책이었다. 따라서 할 수 없이 외면하며 박힌 듯이 앉아 있다가 한 가지 계교를 생각하고는 좋은 말로 대답했다.

---

23) 촌인(寸刃) : 길이가 짧은 칼.

"내가 이미 그대에게 잡혔으니 연분(緣分)을 맺는 것은 면치 못할 것이나 육례24)를 갖추기 전에는 절대로 몸을 허락하지 않을 것입니다. 그러니 그대는 아무 염려 말고 무사히 집으로 돌아가길 바랍니다."

왕평은 이 말을 듣고 크게 기뻐하며 밖으로 나와 술을 사 먹고 잠들었다. 장 소저는 왕평을 보낸 뒤 고요한 때를 틈타 달아났다. 그러나 얼마 가지 못하여 큰 강이 나타나자 슬픔을 이기지 못하여 하늘에 부르짖은 뒤 물에 빠져 죽고자 치마를 부여잡고 물속으로 뛰어들었다. 그런데 난데없이 작은 배 한 척이 다가오더니 그 안에서 한 여자아이가 배에 오르라 재촉하였다. 장 소저는 이상하게 여겨 배에 오르며 물었다.

"여동(女童)은 어디서 온 분이신데 죽을 사람을 구하십니까? 은혜가 망극합니다."

여동이 말했다.

"소녀25)는 황릉묘26)의 시녀로 '아황과 여영'27)의 명을

---

24) 육례(六禮) : 우리나라에서 전통적으로 내려오는 혼인의 여섯 가지 예법.
25) 소녀(小女) : 결혼하지 않은 여자가 윗사람에게 자기를 낮추어 이

받아 용왕께 표주[28]를 얻어 낭자의 위급함을 구하러 왔으니 어찌 소녀의 은혜라 하겠습니까?"

장 소저가 깜짝 놀라 말했다.

"아황과 여영은 요임금의 딸이요, 순임금의 아내들이신데 어찌 나를 구하시는고."

배가 순식간에 큰 강을 건너자 여동은 장 소저를 배에서 내리게 하고는 간데없이 사라졌다. 장 소저는 신기하여 공중을 향해 감사의 절을 올리고는 길을 찾아 헤매다가 빈 전각(殿閣)이 있어 들어갔더니 사람은 하나도 없고 온통 공허함만 감돌았다. 몸이 심히 곤하여 잠깐 그곳에서 쉬고 있었는데 문득 선녀가 나타나 말했다.

"우리 부인께서 소저를 모셔 오라 하십니다."

장 소저는 선녀와 함께 한 당(堂)에 올랐다. 그곳에는

르는 말.

26) 황릉묘(黃陵廟) : 아황(娥皇)과 여영(女英)의 사당(祠堂)으로 중국 호남성(湖南省) 장사현(長沙縣) 소상강(瀟湘江)가에 있음.

27) 아황(娥皇)과 여영(女英) : 두 사람 모두 요(堯)임금의 딸로서 순(舜)임금의 비(妃)가 되었으며 순임금이 남방을 순행하다가 창오산에서 죽자 소상강에 빠져 순절하여 열녀의 상징이 되었음.

28) 표주(瓢舟) : 표주박처럼 만든 작은 배.

두 명의 부인이 시녀들을 거느리고 단정하게 앉아 있었다. 두 부인은 장 소저를 보자 일어나 반기며 자리를 내어 주고는 공경하는 말투로 물었다.

"낭자가 일시 곤욕을 당하여 천금과도 같이 귀한 몸을 돌보지 않으시고 수중 원혼(冤魂)이 되려 하시기에 구하였습니다. 낭자는 본디 월궁항아29)이며, 광한전 연회 때 심성30)에게 추파를 던진 죄로 상제를 노하게 하여 인간 세상에 보내졌으니 심성은 곧 대명(大明) 태조(太祖)가 되고 낭자는 황후가 될 것입니다. 좋은 시절이 오면 천하의 강산이 그대의 수족과 같아 무한한 복록을 누릴 것이니, 어찌 액회31)가 있음을 꺼리십니까?"

하고는 시녀를 명하여 장 소저에게 차를 권했다. 장 소저가 황공함을 이기지 못하여 그 부인을 자세히 보니 몸에는 운무의(雲霧衣)를 입고 머리에는 용봉관(龍鳳冠)을 썼

---

29) 월궁항아(月宮姮娥) : 중국 고대 신화에 등장하는 달나라 궁전인 광한전(廣寒殿)에 사는 아름다운 선녀.

30) 심성(心星) : 동양에서는 28수가 방위에 따라 네 가지 신령한 동물의 형상을 이루고 있다고 믿었는데, 심성은 그중 동방을 이루는 청룡(靑龍)의 일곱 별자리 가운데 다섯째로 천왕(天王)의 별자리임.

31) 액회(厄會) : 재앙이 닥치는 불행한 고비.

으며, 허리에는 명월패(明月牌)를 차고 손에는 백옥홀(白玉笏)을 잡고 있었다. 또한 좌우에 수많은 부인이 차례로 앉아 있었는데, 거동이 상쾌한 것이 평범한 사람들과는 달랐다. 장 소저가 공경하여 두 번 절하며 말했다.

"저는 본디 능주 사람으로 팔자가 기구하여 일찍 부모를 여의고 다만 어린 남동생과 살고 있었습니다. 그런데 동네에 사는 노파에게 음흉한 해를 입어 길에서 도적에게 잡혀가게 되었으니, 어린 동생의 생사를 알 수 없고 잔약한 몸이 화망에서 벗어날 길도 없었지요. 어떻게 그놈을 속이고 도망하였으나 다시 큰 강을 만났으니, 강물에 몸을 던져 죽으면 혼백이라도 좋은 곳으로 갈 거라 믿었습니다. 그런데 부인들께서 저를 구호하시고 이처럼 관대하게 대하시니 은혜가 망극합니다. 두 부인은 대체 누구십니까?"

두 부인 중 한 명이 답했다.

"우리 두 사람은 아황과 여영입니다. 또한 여기 있는 부인들은 모두 절행(節行)으로 배향된 분들이거늘 어찌하여 낭자는 몰라보십니까? 낭자는 지금 소상강[32]을 무사히 건

---

32) 소상강(瀟湘江) : 중국 호남성(湖南省) 동정호(洞庭湖) 남쪽에 있

너 이곳에 왔습니다. 또한 날이 밝으면 반드시 구할 사람이 나타날 것이니 우리 말을 헛되이 듣지 마세요."

장 소저는 다시 자세히 묻고자 했으나 홀연 두견새 우는 소리에 놀라 깨어나니 모두 꿈이었다. 정신을 차리고 주변을 자세히 보니 날은 이미 밝았으며 벽에는 꿈속에서 보았던 부인들의 화상이 걸려 있었다. 이에 장 소저는 차례로 분향재배33)하며 부인들의 덕을 일컬은 뒤 황릉묘 안을 두루 구경했다.

이때 호서(湖西) 땅에 한 부인이 있었으니 그녀는 승상34) 이공(李公)의 아내였다. 부인은 남편을 일찍 여의고 슬하의 자식조차 없이 약간의 노비를 거느리고 세월을 보내고 있었다. 그런데 지난밤 꿈에 한 선녀가 나타나서 말하기를,

"황릉묘에 월궁항아가 떨어졌으니 거두어 슬하에 두시면 분명 좋은 시절을 만날 것입니다."

하니, 부인은 놀라서 일어나 급히 시비(侍婢)를 데리고

는 소수(瀟水)와 상강(湘江)을 아울러 일컫는 말.
33) 분향재배(焚香再拜) : 향을 피우고 두 번 절을 올려 제사 지내는 것.
34) 승상(丞相) : 옛 중국의 벼슬로 우리나라의 정승에 해당함.

이비35)의 묘(廟)를 찾아 들어갔다. 그러나 묘 안에는 여전히 화상만 걸려 있을 뿐 아무 일도 일어나지 않았다. 이상한 마음에 부인은 묘 안을 두루 배회하였는데, 이때 탁자 아래서 한 소저가 나오니 부인은 한편으로는 놀랍고 한편으로는 기쁜 마음이 들어 그녀의 손을 잡고 물었다.

"그대는 뉘 집 여식(女息)인데 이곳에 이르렀느냐? 헤아리건대 정처 없이 다니는 것 같으니 나와 함께 우리 집에서 살며 때를 기다리는 것이 어떠하냐?"

마침 갈 곳이 없어 어찌할 바를 모르던 장 소저는 다행히 이 부인을 만나 그녀와 함께 가자는 말을 듣자 기뻐하며 대답했다.

"저는 능주 땅에 살던 장 승상의 딸입니다. 팔자가 기구하여 부모와 사별하고 일곱 살 된 남동생과 서로 의지하며 살던 중 남의 간계에 빠져 도적에게 잡혀갔다가 겨우 화에서 벗어나 신령의 도우심으로 소상강 원혼을 면하고 이곳에서 은신하고 있었습니다. 부인이 슬하에 두려 하시니 어찌 감사하지 않겠습니까?"

부인이 기뻐하며 장 소저와 함께 교자(轎子)를 타고 이

---

35) 이비(二妃) : 순임금의 왕비였던 아황과 여영.

승상 댁으로 돌아와 세월을 보내니, 장 소저는 일신은 편안했으나 장백 생각에 눈물이 마르지 않았다.

각설.[36] 술에 취해 잠이 든 왕평은 요란한 닭 울음소리에 깨어나 장 소저를 보러 들어갔다. 그러나 장 소저의 종적은 묘연했고 두루 찾았으나 간 곳이 없으니 왕평은 놀라 한탄하며 말했다.

"내 일찍이 장 소저가 순종했다고 믿었는데, 아니로구나! 필경 소상강에 빠져 죽었도다!"

왕평은 장 소저를 못내 불쌍하게 생각하며, 아무 소득 없이 남경으로 돌아갔다.

차설. 장백은 누이와 함께 외가로 가던 중 길에서 만난 도적에게 누이를 잃고 홀로 집을 찾아 돌아왔으나 더 이상 의지할 사람이 없었다. 이에 밤낮으로 통곡하고 있었는데 한 사람이 말하기를,

"장 소저가 도적에게 잡혀갔다가 소상강에 빠져 죽었다고 하니 심히 참혹하다."

하니, 이 말을 들은 장백이 몹시 애통하여 말했다.

---

[36] 각설(却說) : 말이나 글 등에서 이제까지 다루던 내용을 그만두고 화제를 다른 쪽으로 돌릴 때 새로운 이야기의 첫머리에 쓰는 말.

"우리 남매 부모를 잃고 서로 의지하여 다행히 하늘이 도우신다면 영화롭게 제사를 받들고자 하였으나 갈수록 팔자 기구하여 누님 또한 수중 원혼이 되었으니 나 홀로 구차하게 살아 무엇에 쓰겠는가. 내가 죽으면 종사에 큰 죄를 짓는 것이나 욕되게 사느니 죽는 편이 나을 것이다."

장백은 나무에서 떨어져 죽기로 하고 깊은 산속으로 들어가 높이가 수십 장(丈)이나 되는 커다란 버드나무에 올라갔다. 그리고 한바탕 통곡한 뒤 가지를 붙잡은 손을 놓고 떨어졌는데, 마침 그 아래서 나무를 베던 아이가 장백을 두 손으로 받아 살려 내니, 장백이 아이를 원망하는 눈으로 보며 말했다.

"내가 서러워 죽고자 하는데 왜 죽지도 못하게 하느냐?"

아이가 웃으며 말하기를,

"어제 우리 사부님께서 내일 진시[37]에 명나라 대원수[38] 장백이 나무에서 떨어져 죽으려 할 것이니 저보고

---

37) 진시(辰時) : 십이시(十二時)의 다섯째 시로 오전 7시에서 9시를 이름.
38) 대원수(大元帥) : 국가의 전군을 통솔하는 최고의 계급인 원수를

구하라 명하셨습니다. 어찌 만금처럼 귀하신 몸을 멋대로 버리십니까?"

하고는 간데없으니 장백은 기이하게 여겨 다른 곳을 찾아갔다. 한 곳에 이르니 아름다운 누각이 하늘 높이 솟구쳐 향기로운 구름에 둘러싸여 있었고 온갖 꽃들이 만발한 가운데 거문고 소리가 은은하게 들렸다. 이 광경에 잠깐 죽을 마음이 사라진 장백은 선경[39]을 구경하고자 누각에 올랐는데, 그곳에는 백발의 노인이 무릎 위에 거문고를 빗겨 안고 단정히 앉아 〈청산유수곡(靑山流水曲)〉을 타며 학을 춤추게 하고 있었다. 장백은 노인에게 다가가 두 번 절하고 말했다.

"소자[40]는 인간 세상의 천한 사람입니다. 외람되게도 선경을 범하였으니 그 죄를 용서하소서."

노인은 장백을 자세히 보더니 문득 가만히 웃으며 말

높여 이르는 말.

39) 선경(仙境) : 신선이 산다는 곳으로 곧 속세를 떠난 깨끗한 곳을 말함.

40) 소자(小子) : 나이 어린 남자가 부모뻘 되는 사람에게 자기를 낮추어 이르는 말.

했다.

"네가 아까 나무에서 떨어져 죽으려 하던 추성이로구나. 내 거문고 곡조를 보고 지존한 사람을 만나리라 하였더니 말이 끝나기도 전에 그대를 만났도다. 내 이 산에 머문 지 오래되었으나 슬하에 자식이 없어 밤낮으로 슬퍼했는데 이제 너를 만나니 이는 분명 하늘이 지시하신 것이구나."

장백이 공경하여 다시 절하며 말했다.

"소자, 팔자가 험악하여 혈혈무의[41]하기로 세상을 버리고자 죽을 곳을 찾아다녔습니다. 그런데 우연히 만난 대인[42]께서 저를 불쌍히 여기사 은혜를 베푸시니 망극할 따름입니다."

노인이 웃으며 말했다.

"나는 천관도사요, 이 산의 이름은 사명산이다. 내가 천문을 조금 알기로 너를 만날 줄 짐작하였거니와, 이제 네가 나와 함께 있으면 자연히 재주를 배우게 될 것이니

---

41) 혈혈무의(孑孑無依) : 홀로 의지할 데가 없음을 일컫는 말.
42) 대인(大人) : 말과 행실이 바르고 점잖으며 덕이 높은 사람. 흔히 남의 아버지나 상대방을 높이는 말로 쓰임.

오래지 않아 네 이름이 사해에 진동할 것이다. 그러니 어찌 즐겁지 않겠느냐?"

노인은 부인을 청하여 장백과 보게 하고는 부자(父子)의 의(義)를 맺어 재주를 가르치니, 이때 장백의 나이 열일곱이었다. 장백은 본디 총명하여 하나를 가르치면 백을 깨우쳤으니 도사가 기특하게 생각하여 칭찬하기를 마지않았다. 시간이 흘러, 어느 날 도사가 장백을 불러 말했다.

"네가 내 집에 머문 지 벌써 삼 년 가까이 되었다. 이제 건장한 어른이 되었고 문무를 겸비한 가운데 웅재대략[43]이 있고 검술까지 신기하여 꺼릴 것이 없게 되었으니 어찌 즐겁지 않겠느냐? 이제 중원이 요란하여 원나라 황제의 운수가 다하고 명나라가 설 것이다. 네가 때를 만났으니 세상에 나아가 황제 될 사람을 찾아 충성을 다하여 공업(功業)을 세운다면 네 이름이 기린각[44]에 오를 것이다. 그러니 어찌 오랫동안 산중에 묻혀 운수를 찾지 않겠느냐?"

---

43) 웅재대략(雄才大略) : 크고 뛰어난 재능과 지략.
44) 기린각(麒麟閣) : 중국 한나라 무제(武帝)가 장안의 궁중에 세운 전각. 선제(宣帝) 때 곽광(霍光)을 비롯한 공신 11명의 초상을 그려 각상(閣上)에 걸었다고 하여 공신의 영광을 상징함.

말을 마친 도사가 책 세 권을 내어 주니, 장백이 마지못해 절하며 말했다.

"대인의 태산 같은 은덕으로 배운 것이 많고, 가르치심이 이와 같사오니 망극한 은혜를 어찌 다 갚을 수 있겠습니까? 존문(尊門)을 떠나려니 슬픈 마음을 억제할 수가 없습니다."

장백은 도사 부부께 하직하고 산에서 내려와 중원으로 향했다. 날이 저물자 한 주점에 들어가 쉬고 있었는데, 문득 한 사람이 안으로 들어오기에 자세히 보니 구척장신(九尺長身)에 목소리 또한 웅장하여 예사롭지 않았다. 장백이 그를 맞이한 뒤 자리에 앉자 그가 말했다.

"저의 성명은 이정[45]으로 청주 땅에 사는데, 마침 이곳에서 장군께 만부부당지용(萬夫不當之勇), 즉 수많은 장부(丈夫)로도 능히 당할 수 없는 용맹이 있음을 짐작하여

---

45) 이정(李靖) : 571년~649년. 당나라 초기를 대표하는 명장. 두광정(杜光庭)의 소설인 〈규염객전(虯髥客傳)〉에는 수(隋)나라 말 이정이 양소(楊素)를 찾아갔다가 그의 영웅성을 알아본 양소의 가기(家妓) 홍불(紅拂), 즉 홍불기(紅拂妓)와 정을 통해 함께 도망하였고, 이후 이세민의 당나라 창업을 도왔다는 내용이 나타남. 이 작품에 등장하는 이정과 홍불기는 이들을 수용한 것으로 보임.

장군을 좇아 함께 성공하기를 원하오니 장군의 뜻은 어떠하십니까?"

장백은 그 사람이 자신을 '장군'이라 부르는 것을 이상하게 생각하여 물었다.

"저는 능주 사람 장백입니다. 본디 혈혈단신으로 정처 없이 다니거늘 그대가 나를 장군이라 부르니 그 이유는 무엇입니까?"

이정이 매우 기뻐하며 말했다.

"제가 팔괘[46]를 조금 아는데 오늘 '대원수 아무개를 만날 것이다'라는 괘를 얻고 장군을 만났습니다. 이제 천하가 요란하여 백성이 도탄에 빠졌으니 제가 비록 재주는 보잘것없으나 장군께 작은 힘이 되고자 합니다. 장군의 높으신 소견은 어떠하십니까?"

장백은 이 말을 듣고 매우 기뻐하며 이정과 함께 밤을 보냈는데, 이때 이정이 말했다.

"제가 세상을 두루 다니다가 양주에 있는 장역촌이라는 곳에 들른 적이 있는데, 민가는 약 삼백 호가 있었습니

---

46) 팔괘(八卦) : 중국 상고시대에 복희가 지었다고 알려진 여덟 가지의 괘로 《주역(周易)》은 팔괘를 정립한 것에서부터 시작되었음.

다. 그런데 마을 사람들은 밤이 되면 집집이 많은 음식을 차려 놓고 산으로 올라가 밤이 샌 뒤에야 집으로 돌아왔습니다. 그 모습이 이상하여 이유를 물었더니 마을 사람이 말하기를, '우리 마을에 난데없이 변고가 생겨 천병만마가 들어와 먹을 것을 달라고 요란스럽게 보채는데, 만일 주지 않는 집이 있으면 모진 병(病)을 주어 사람들을 죽이니 목숨을 부지하기가 어렵다' 했습니다. 저는 그 말을 믿지 못해 한 집에서 밤을 지새웠습니다. 그런데 과연 삼경47)이 되자 천병만마가 들어오며 크게 요란을 떨다가 이윽고 민가로 흩어지며 다섯 장수가 동시에 들어왔습니다. 이들은 모두 갑옷을 입고 투구를 썼으며 손에는 창검을 들었으니, 그 위의(威儀)가 엄숙하여 쳐다보지 못할 정도였습니다. 그런데 이들이 저에게 점점 다가오며 말하기를, '우리는 오방신장48)이다. 군사를 거느리고 진천자49)를 호위하라는 상제(上帝)의 칙명을 받들어 계양(桂陽) 땅 동문(東門) 밖으로 가던 중 군사들이 기갈을 이기지 못하여 이 마을에

---

47) 삼경(三更) : 새벽 1시부터 새벽 4시.
48) 오방신장(五方神將) : 다섯 방위(方位)를 관장하여 지키는 수호신.
49) 진천자(眞天子) : 천명(天命)을 받은 천자.

들어와 염치없이 얻어먹는 중인데, 당돌히 앉아 있는 그대를 보니 족히 장군의 기상이 있구나. 그대는 진천자를 찾아 도우면 좋을 것이다'라고 했습니다. 제가 그들의 말이 심상치 않음을 알고, '진천자의 성씨를 어찌 알려 주지 않습니까?'라고 물었더니, 그 신장이 말하기를 '성(姓)은 주씨(朱氏)로 걸인 백 명을 데리고 다니며 음식을 구걸하고 있으니 부디 내 말을 헛되이 듣지 말라' 하고는 일시에 간 데없으니 이상하게 생각하고 있었습니다. 이제 장군을 만나 대사를 의논하오니, 함께 계양 땅 동문을 찾아가 걸인의 괴수인 주씨를 만나 창업의 공을 세우면 어찌 아름답지 않겠습니까?"

이정의 말이 끝나자 장백이 책상을 치며 말했다.

"기재50)라! 우리가 장차 이름을 세워 공업을 이룰 때를 만났도다!"

장백은 즉시 이정을 데리고 중원으로 향했다. 이때 장백의 나이는 이십 세로, 일신은 고단했으나 기골이 장대하여 마음에 두려운 것이 없었고 기운은 활달하여 북해(北海)를 뛰어다닐 수 있을 것 같았다. 이정은 본디 첩(妾)을

---

50) 기재(奇才) : 뛰어난 재주 혹은 그러한 재주를 가진 인재를 말함.

데리고 다녔는데, 이름은 '홍불기'였다. 그녀 또한 이정과 함께 장백을 좇았는데, 세 사람이 호주 땅을 지날 무렵 강을 건너다가 청룡과 거북이가 싸우는 것을 보게 되었다. 이를 본 장백은 진언51)을 외우다가 갑자기 철장(鐵杖)을 들어 거북의 머리를 쳐 죽이니, 청룡은 매우 기뻐하며 장백을 자주 돌아보다가 물속으로 들어갔다. 날이 저물자 장백 일행은 강가에 있는 주점에서 밤을 지냈는데, 문득 한 동자가 들어와 장백에게 절한 뒤 말하기를,

"나는 백마강 용자(龍子)입니다. 어제 그대의 은혜로 부왕(父王)이 목숨을 보전하였으니 은혜를 갚을 방법을 모르겠습니다. 가져온 것들이 비록 좋지는 않으나 그대가 갖는다면 족히 쓸 곳이 있을 것입니다."

하고는 구슬 하나와 길이가 일 척이나 되는 장검을 내어놓았다. 장백이 자세히 보니 그것들은 지극한 보배로 범상한 물건들이 아니었다. 장백이 기쁜 마음에 감사하며 깨어 보니 동자는 간데없고 구슬과 칼만이 가지런히 놓여 있었다. 장백은 이것들을 거두어 행장52)에 감추고는 날이

---

51) 진언(眞言) : 음양가나 점술에 정통한 사람이 술법을 부리거나 귀신을 쫓을 때 외는 글귀.

밝자 이정과 함께 길을 떠났다. 이후 한 곳에 이르니 층암절벽(層巖絕壁)에 작은 초가 몇 채가 구름에 둘려 있었다. 이를 본 장백이 이정에게 말하기를,

"저 집에 분명 도인(道人)이 사는 것 같으니 잠깐 찾아보리다."

하고는, 먼저 이정을 보내 집주인에 대해 알아 오라 했다. 이정이 응낙하고 그 집으로 가 주인을 찾으니 푸른 저고리와 붉은 치마를 입은 여자가 거문고를 타다가 이정을 보고 반기며 물었다.

"그대는 청주 땅 이정 장군이 아니십니까? 소첩[53]의 가군[54]이 아까 나가시며 당부하시기를 '분명 귀한 손님 두 분이 찾아올 것이니 하나는 추성인 장 원수요, 다른 하나는 이정 장군이라' 하셨습니다. 그런데 어찌 장 원수께서는 오지 않으셨습니까?"

이 말을 들은 이정이 놀라 물었다.

---

52) 행장(行裝) : 여행할 때 쓰는 물건과 차림.
53) 소첩(小妾) : 부인이 남편에 대하여 자기를 낮추어 이르던 말.
54) 가군(家君) : 남에게 자기의 아버지나 남편을 이르는 말로 여기서는 남편을 말함.

"가군의 말을 듣고 우리 두 사람이 올 것을 알았다고는 하나, 나와 장 원수는 어떻게 분별한 것입니까?"

그 여자가 대답했다.

"장 원수는 천상 추성이라 눈에 서기(瑞氣)가 반드시 있을 것이니 어찌 모르겠습니까?"

이정이 그 지혜로움에 탄복하여 주저하고 있었는데, 문득 밖에서 세 사람이 들어와 이정을 보고는 반기며 말했다.

"귀한 손님이 오셨는데 마침 주인이 없었으니 어찌 용렬함을 면하겠습니까?"

세 사람이 예를 마친 뒤 자리에 앉아 차례로 성명을 통하였으니 맏이는 백운단이요, 둘째는 백운선이며 셋째는 백운현이었다. 백운단이 말했다.

"우리 삼 형제는 조금 아는 일이 있는 고로, 천하 영웅을 만날 줄 짐작하고 이 산에 은거하고 있었습니다. 이제 이 장군은 만났거니와 장 원수는 어디에 계십니까?"

하니, 이정은 세 사람이 귀신같이 알고 있음에 놀라며 말했다.

"제가 일찍이 세상을 구경하고자 두루 다니다가 과연 한 영웅을 만났습니다. 그의 성은 '장'이요 이름은 '백'으로 함께 이곳을 지나다가 심상치 않은 기운을 보고 이 집을 찾아온 것입니다. 그대가 장 원수를 보고자 하실진대 저와 함께 가면 만날 수 있습니다."

네 사람은 함께 집을 나와 장백을 만났다. 백운단이 말했다.

"소생55)이 장 원수가 오시기를 기다리다가 오늘날 드디어 만났으니 어찌 하늘의 뜻이 아니겠습니까? 이제 천하가 요란하여 처처에서 영웅들이 봉기하니 원나라 기업(基業)은 이미 다했고 세상은 바뀔 것입니다. 장 원수가 아니면 도탄에 빠진 백성을 건질 수 없을 것이니 바라건대 소생들이 장군을 좇아 함께 이름을 후세에 전하면 어떻겠습니까?"

장백은 세 사람의 기상이 웅장한 것을 보고 기뻐하며 말했다.

"나 또한 세상이 요란함은 짐작하고 있었으나 천기를 누설할 수 없었으며, 같은 뜻을 가진 호걸(豪傑) 또한 만나지 못했소. 그런데 우연이 이곳에서 형들을 만났으니 마땅히 도원결의56)를 본받아 생사를 함께 하겠소."

---

55) 소생(小生) : 윗사람에게 자기를 낮추어 이르는 말.
56) 도원결의(桃園結義) : 유비, 관우, 장비가 복숭아나무 숲에서 의형제를 맺은 일을 말함.

장백은 단(壇)을 쌓고 잔치를 열어 백마를 잡아 맹세한 뒤 이들과 함께 묘책을 의논하니 그 형세를 당할 자가 없었다. 원래 백운단은 첩 천봉을 데리고 산속에서 살며 장원수가 오기를 기다리고 있었다. 때를 만나 기운을 떨치며 함께 중원으로 향하니 도중에 사람들이 차차 모여들어 원종자57)가 삼천여 명이나 되었다. 장백이 이정에게 말했다.

"그대가 이 삼천 인을 이끌고 다니는 것은 불가하니 약속을 정하고 각각 흩어져 있을 만한 집을 찾아 심부름꾼 노릇을 하게 하라. 그러면 집주인들이 이들을 믿을 것이니 고을의 자사58)가 진법(陣法)을 연습하면 주인 대신 각각 군복을 갖추고 참여했다가 연습이 끝나면 일시에 백운산으로 모여라. 그때가 되면 내가 먼저 묘책을 세워 놓고 기다릴 것이니, 만일 영(令)을 어기는 자가 있으면 군법(軍法)으로 다스리리라."

이정이 명을 듣고 물러갔다. 이후 이정은 남의 병도 고

---

57) 원종자(原從者) : 세력이 커지거나 임금이 된 뒤가 아니라 처음부터 따르며 함께 한 자들.
58) 자사(刺史) : 중국 왕조에서 군(郡), 국(國)을 감독하기 위하여 각 주에 둔 감찰관.

치고 장백과 백운단 삼 형제는 혹 점도 보는 체하며 세상 물정을 살피니 누가 능히 이들의 뜻을 알겠는가. 이때 연주 자사 화양이 민심이 어지러움을 염려하여 마보군59)을 모아 대대적으로 훈련한다는 영을 각 읍에 전하니, 이 소식을 들은 장백이 급히 이정을 불러 말했다.

"아무 날 진(陣) 치는 법을 연습한다고 하니, 그대는 착실하게 지휘하여 내 영을 어기지 말라. 그리하면 삼천 명의 오합지졸이 변하여 삼천 강병(强兵)이 될 것이니 어찌 묘책이 아니겠는가?"

또 백운단 삼 형제를 불러 말했다.

"그대들은 백화산으로 들어가 육정육갑60)을 부르면 오방신장이 나타나 호위하고 신병(神兵)들이 진을 칠 것이니, 얻은 마보군 삼천과 한곳에 진을 치고 밤이 되기를 기다려 바로 연주를 취하라."

하고 약속을 정하였더니, 과연 약속대로 삼천 명의 노복이 갑주와 창검을 갖추고 진법(陣法) 연습에 참여했다. 훈련이 끝났다는 영이 떨어지자 이들은 말을 타고 일시에

---

59) 마보군(馬步軍) : 마병(馬兵)과 보병(步兵)을 함께 이르는 말.
60) 육정육갑(六丁六甲) : 둔갑술을 할 때 부르는 신장(神將)의 이름.

백화산 아래로 모여들었다. 장백은 매우 기뻐하며 즉시 이들을 영솔하여 백운단을 찾아가니 때는 황혼이었다. 장백이 도착하자 백운단 형제는 장백을 맞아 높은 장대(將臺)에 앉히고 차례로 군례(軍禮)를 올린 뒤 기뻐하며 외쳤다.

"오늘이 대원수를 모시는 날이다!"

모두가 크게 즐기는 가운데 오방신장은 각자의 방위에서 삼십만 신병을 거느려 장 원수를 호위하며 철기(鐵騎) 삼천과 함께 진을 치니 엄숙하기가 철통같았다. 장백은 여러 장수들을 불러 배불리 먹인 뒤 이정을 선봉장[61]으로 삼고 백운단을 후군장[62]으로 삼아 이날 삼경에 군을 일으켜 바로 연주로 향했다. 성(城) 아래 도착할 무렵 날이 밝아 왔는데, 성문을 부수고 들어가니 성안의 백성들이 예상치도 못했던 변고를 만나 당황하여 사방으로 흩어져 달아났다. 이정이 대군을 이끌고 성안으로 들어가며 외치기를,

"무도한 자사, 화양은 빨리 나와 항복하라!"

하니 그 소리가 천지에 진동했다. 화양은 너무 놀라 얼굴이 하얗게 질렸으나 급히 군사들을 모으고 창을 들고 말

---

[61] 선봉장(先鋒將) : 제일 앞에 진을 친 부대를 지휘하는 장수.
[62] 후군장(後軍將) : 뒤에 있는 군대를 거느린 장수.

에 올라 외치기를,

"너는 어떠한 도적이기에 나를 업신여기느냐? 내 칼이 사정이 없으니 오늘 너를 죽여 하늘을 거스르고 무도(無道)한 죄를 다스리리라!"

하고 달려드니 백운단이 맞서 싸웠으나 십여 합이 되도록 승부가 나지 않았다. 이때 화양이 소리를 지르며 철퇴로 백운단을 쳐 말에서 떨어뜨리고 창을 들어 찌르려 했다. 그런데 그 순간, 홀연 뒤에서 함성이 진동하더니 한 장수가 말에 올라 칼춤을 추며 달려왔으니 그는 선봉장 이정이었다. 이정은 급히 백운단을 구한 뒤 곧바로 시위를 당겨 화양을 향해 힘껏 화살을 쏘았다. 이정의 화살을 맞은 화양이 쓰러지자 형의 위태로움을 본 아우 화충이 급히 달려와 이정과 맞섰다. 그러나 채 삼 합이 되지 못하여 이정의 창이 빛나며 화충의 머리는 말 아래로 떨어졌다. 아우가 죽는 것을 본 화양은 분노를 참지 못하고 바로 달려들어 큰소리로 외쳤다.

"내 너를 베어 아우의 원수를 갚으리라!"

화양은 다시 이정과 싸웠으나 십여 합이 되자 자신이 이정의 적수가 되지 못함을 깨달았다. 이에 서문(西門)을 버리고 내달았는데 눈앞에 장백의 대진(大陣)이 있음을 보고 당황하여 갈 곳을 알 수 없었다. 이때 장백이 눈을 부

릅뜨고 큰소리로 꾸짖기를,

"무도한 화양은 들어라! 네가 나라의 녹봉을 받는 신하로서 한 도(道)의 방백63)이 되어 백성을 잘 다스려야 하거늘 주색에 빠져 오히려 백성을 도탄에 빠뜨렸으니, 내 너를 먼저 죽여 이곳 백성들을 건지리라!"

하고는 철창을 들어 힘껏 내리치니 곧 화양의 머리가 말 아래로 떨어져 뒹굴었다. 장백은 화양의 머리를 성문에 달고 군중에 호령하여 군사들을 편히 쉬게 하였으며, 창고를 열어 백성들에게 곡식을 나누어 주고 부세를 감면하니 백성들이 크게 기뻐하였다. 장백은 이정과 백운단을 불러 말하기를,

"이제 연주의 병사들을 합하면 호주를 치는 것은 손바닥을 뒤집는 것과 같다."

하고는, 장졸들을 포상한 뒤 선봉장을 백운현으로 바꿔 행군하여 호주로 향했다.

이때 단양 태수64) 이연횡은 천관도사의 제자로 흉중에 천지조화65)를 품어 변화불측66)한 인물이었다. 이연횡은

---

63) 방백(方伯) : 지방을 다스리는 관찰사.
64) 태수(太守) : 고대 중국에서 군(郡)을 다스리는 으뜸 벼슬.

장백이 이름 없는 군사를 일으켜 연주를 얻고 또 호주를 치러 가는데, 가는 곳마다 사람들이 망풍귀순67)하니 곧 천하를 도모할 것만 같았다. 이에 생각하기를,

'내 비록 장백과 동문수학한 정이 있으나 반드시 장백을 쳐 없애리라!'

하고는, 먼저 천관도사를 찾아가 장백 칠 일을 의논하니 도사가 말했다.

"네 재주가 비록 비상하나 장백을 당할 수는 없을 것이니 차라리 장백을 도와 큰 공을 이루는 것만 같지 못할 것이다."

이 말을 들은 이연횡은 기쁘지 않았다. 그래서 말하기를,

"영위계구(寧爲鷄口) 물위우후(勿爲牛後) 즉, 닭의 머리가 될지언정 소의 꼬리가 되지는 말라 하였으니 감히 스승의 가르침을 받들지 못하겠습니다."

---

65) 천지조화(天地造化) : 하늘과 땅이 일으키는 여러 가지 신비스러운 조화.
66) 변화불측(變化不側) : 끊임없이 달라져 헤아릴 수 없음.
67) 망풍귀순(望風歸順) : 멀리 바라보고 귀순함을 이름.

하고는 도사께 하직하고 돌아와 군사를 모으니 그 세력이 매우 컸다.

이때 이정은 군사들을 모아 호주성 아래 진을 치고 호주 태수에게 격서[68]를 전하며 싸움을 재촉하였으나 태수는 겁나고 두려운 마음에 성문을 굳게 닫고 나오지 않았다. 이에 이정은 몇몇 군사를 뽑아 높은 봉우리에 올라가 화전[69]을 묻고, 활 쏘는 장수들을 명하여 각각 병사들을 거느리고 사문(四門)에 매복하게 했다. 그리고 대포 쏘는 소리에 맞추어 화전을 쏘니 불이 사방에서 일어나 화염이 충천하고 성안은 요란해졌다. 이때 이정이 철기 삼천을 거느리고 별안간 서문(西門)을 습격하니 고각함성[70]은 천지를 진동케 했다. 또한 사면에서 일어난 복병이 동시에 문을 깨치고 성안으로 들어가니, 호주 태수는 장계[71]

---

68) 격서(檄書) : 군병을 모집, 혹은 적군을 달래거나 꾸짖기 위한 글. 흔히 격문(檄文)이라 함.
69) 화전(火箭) : 옛날에 불을 붙여 쏘던 화살이나 화약을 장치한 화살.
70) 고각함성(鼓角喊聲) : 전투에서 돌격 태세로 들어갈 때 사기를 북돋우기 위하여 북을 치고 나발을 불며 아우성치는 소리.
71) 장계(狀啓) : 지방관이 자기 관하(管下)의 중요한 일을 왕에게 보고

를 올리고 급히 동문(東門)으로 달아나다가 이정의 아장72)인 황문홍과 마주쳤다. 황문홍은 연주에서 얻은 장사로 곧바로 태수를 에워싸고 꾸짖으며 말했다.

"우리 장 원수께서 천명(天命)을 받들어 의병(義兵)을 일으키니 군사가 삼십만이요, 맹장 또한 셀 수가 없다. 천도(天道)가 바뀌었음을 짐작하고 무도한 원 황제를 내치고자 하나니, 살고 싶다면 빨리 항복하라!"

이 말을 들은 호주 태수는 분노하여 창을 들고 맞섰다. 그러나 채 반 합(半合)이 못 되어 황문홍의 칼이 빛나며 태수의 머리는 말 아래로 떨어졌다. 장백은 황문홍의 용맹을 칭찬한 뒤 방을 붙여 백성들을 안무하고 이 가운데 고을 어른들을 불러 위로하며 말하기를,

"그대들은 착한 태수를 만나지 못하여 몸이 도탄에 빠졌다. 그러나 지금 내가 민폐를 진정시켰으니 족히 편안해질 것이다. 또한 위에는 여전히 걸주73)와 같은 원 황제

하던 일이나 그런 문서.

72) 아장(亞將) : 대장(大將)에 버금가는 장수라는 뜻으로 군사 조직의 두 번째 서열을 지칭.

73) 걸주(桀紂) : 중국 하(夏)나라의 걸왕(桀王)과 은(殷)나라의 주왕

가 있으나 어찌 천도가 무심하겠는가? 이제 그대들에게 동남(東南) 수성장(守城將)을 맡기리니 성을 착실히 보호하라."

하고는, 장군들을 불러 삼군을 모아 장안74)으로 향하려 했다. 그런데 이때 적의 동정을 살피던 기병(騎兵)이 난데없는 적병이 이르러 싸움을 건다고 보고하니, 장백은 이상히 여겨 장대에 올라 진세(陣勢)를 살폈다. 적진 가운데에는 한 장수가 갑주를 입고 청총마75)를 타고 있었는데, 낯은 불빛처럼 빛나고 수염은 바늘 같았으며 신장은 팔 척이나 되었다. 장백은 즉시 이정을 명하여 적장과 맞서게 했다. 이정은 먼저 육화진76)을 쳐 조화77)를 부려 적

(紂王)을 동시에 이르는 말로, 포악무도(暴惡無道)한 임금을 일컬음.

74) 장안(長安) : 원나라 수도.

75) 청총마(靑驄馬) : 갈기와 꼬리가 파르스름한 백마.

76) 육화진(六花陣) : 고대 전쟁에서 군대의 이동 및 교전, 전시 상황에서 군대를 편성하는 기술인 진법(陣法)의 하나. 제갈량이 만든 팔진(八陣)을 당나라 명장인 이정(李靖)이 개량하여 밖의 6군은 방형을 이루고 안의 중앙 1군은 원형을 이루어 마치 6개의 꽃잎으로 이루어진 육화(六花)를 닮았다고 하여 붙여진 이름.

77) 조화(造化) : 어떻게 이루어진 것인지 알 수 없을 정도로 신통하게

을 잡으려 했는데, 이때 적장이 군사를 호령하며 나아와 큰소리로 외치기를,

"반적 장백아! 네가 나를 모르느냐? 내 오늘 너를 죽여 공을 세우리라!"

하고 점점 다가오니 무수한 신병(神兵)이 입을 벌려 이상한 기운을 토했고, 그러자 장백의 사졸들은 속수무책으로 쓰러졌다. 놀란 장백이 악귀를 쫓는 옥갑경(玉甲經)을 외우자 이윽고 큰 바람이 일며 안개가 비 오듯 하니 제아무리 대단한 단양의 병사들이라 하나 눈을 뜨지 못해 항오를 갖추지 못하고 육화진 속에 빠져 나아갈 길을 찾지 못했다. 이연횡이 매우 놀라 도망치려 했으나 장백의 장수들이 사면을 지키고 있었다. 이때 장백은 장대에 올라 북을 치며 양진(兩陣)의 승패를 살피고 있었는데, 철기 수십을 이끈 백운단이 남쪽으로 도망치는 이연횡의 뒤를 바짝 쫓고 있었다. 백운단은 재빨리 창을 들어 연횡이 타고 있는 말의 옆구리를 찔렀고, 연횡이 말에서 떨어지자 그를 생포하여 장대로 끌고 왔다. 장백은 크게 기뻐하며 선봉장 이정을 포상한 뒤 이연횡을 꾸짖으며 말했다.

된 일로 여기서는 도술 등을 말함.

"내 이제 의병을 일으켜 무도한 무리를 쓸어버리고자 하거늘 네가 천시(天時)를 모르고 괴이한 신병을 몰고 와 내게 항거하였으니, 이제 너를 베어 위엄을 돋우리라!"

말을 마친 장백이 군사를 호령하여 연횡의 목을 베려는 순간, 연횡이 머리를 조아려 사죄하며 말했다.

"소장(小將)의 죄는 죽음을 면치 못하오나, 만일 원수께서 커다란 덕을 베푸사 목숨을 살려 주신다면 죽기로써 원수를 돕겠습니다. 삼가 바라오니 원수는 잔명을 구하소서."

연횡의 말을 들은 장백은 기뻐하며 손수 연횡을 묶은 줄을 풀고 그를 장대에 올려 앉혔다. 그리고 지나온 일들을 이야기하며 술을 내와 권한 뒤 향후 황성[78] 칠 일을 의논했다.

각설. 황릉묘에서 이 승상 부인을 만난 장 소저는 이후 부인의 은혜로 이 승상 댁에서 평안한 나날을 보냈다. 그러나 잃어버린 장백 생각에 주야로 서러운 마음은 사라지지 않았고, 그러한 까닭에 밤이 되면 후원에 올라 하늘을 향해 장백을 만나게 해 달라고 두 손을 모아 빌었다. 그러

---

78) 황성(皇城) : 황제가 사는 도성을 말하는 것으로 여기서는 장안.

던 어느 날, 한 노인이 나타나 말하기를,

"여기서 이러지 말고 이 산 뒤에 대성사라는 대찰이 있으니 그리로 가 보아라. 그곳에서 칠 일간 부처님께 공양을 드리면 오래지 않아 동생을 만날 수 있을 것이다."

하니, 놀라 깨어난 장 소저는 동산 잔디 위에 엎드려 있었다. 장 소저는 즉시 동산에서 내려와 부인께 꿈 이야기를 전하며 대성사에 가 공양하기를 청하니, 장 소저를 기특하게 여긴 부인은 곧바로 행장과 교자를 준비해 주며 말했다.

"과연 이 산 뒤에 대성사라는 절이 있으니, 승이 많지 않고 매우 깨끗한 곳이다. 네가 만일 그곳에서 소원을 이룬다면 어찌 즐겁지 않겠느냐?"

장 소저가 이 부인께 하직하고 대성사에 도착하자 한 노승이 맞이하여 법당으로 인도했다. 장 소저는 곧 부처님 앞에 나아가 불전[79]을 올리고 장백을 만나게 해 달라고 기도했다. 그런데 이때 난데없이 걸인 수십 명이 법당 안으로 들어왔다. 그리고 여기저기를 둘러보며 말하기를,

"우리가 촌가에서 밥은 얻었으니, 이 절에서는 밤이나

---

79) 불전(佛錢) : 부처님 앞에 바치는 돈.

새고 가리라."

하고 사방으로 흩어지니 부처 뒤에 몸을 숨기고 이 모습을 지켜보던 장 소저는 다시 부처 앞으로 걸어 나왔다. 그런데 이때 한 걸인이 갑작스럽게 법당문을 열고 들어오니, 놀란 장 소저는 다시 부처 뒤로 숨으려 했으나 미처 몸을 감추기 전에 그 걸인에게 들키고 말았다. 걸인이 소저를 보고 쫓아와 물었다.

"그대는 사람인가 귀신인가? 어찌 고요한 법당에 홀로 있는가?"

장 소저는 놀라 떨며 아무 말도 하지 못했는데, 그 모습을 본 걸인이 갑자기 장 소저의 손을 잡으며 물었다.

"그대는 무슨 일로 이곳에 왔는가?"

장 소저가 마지못해 말했다.

"나는 능주 장 승상의 딸입니다. 어려서 부모를 잃고 어린 동생을 데리고 잔명을 보전하였으나 간사한 사람에게 속아 길에서 동생을 잃고 도적에게 잡혔습니다. 다행히 도적을 속이고 도망하였으나 소상강이 앞을 막자 물에 빠져 죽으려 하였는데, 아황과 여영께서 구하셔서 물속 원혼이 되는 것을 면할 수 있었습니다. 이후 이 승상 부인을 만나 잔명을 부지하다가 어린 동생을 만나기 위해 불전에 기도하고자 이곳에 왔더니, 지금 그대가 급히 들어오시니 심히 놀랍습니다."

걸인이 촛불을 가까이하여 소저를 자세히 보니, 옥같이 아름답고 꽃다운 얼굴에 바르고 침착한 몸가짐을 지닌 것이 과연 경국지색[80]이었다. 놀랍게도 한눈에 장부의 마음을 사로잡았으니 어찌 범연하겠는가. 또한 걸인은 동생에 대한 소저의 정성스러운 마음에 탄복하여 말했다.

"낭자는 내 행색이 누추하다고 침 뱉지 말라. 비록 모습은 그러하나 가슴속에는 천하의 흥망을 품었으니 실로 나라를 세울 것이다. 지금 자취를 감추고 다니며 천시(天時)를 기다리던 중 우연히 이 절에 들어와 낭자를 만났으니 이는 하늘이 정하신 연분이라. 내가 장차 천하를 평정한 후에 낭자를 예를 갖추어 아내로 맞이할 것이니, 혹여 신물(信物)이 있다면 날 주어 훗날의 증표로 삼는 것이 좋으리라."

걸인의 말을 들은 장 소저는 놀라움을 이기지 못했으나 사세가 어쩔 수 없음을 알고는 잠깐 눈을 들어 걸인의 모습을 보았다. 얼굴에는 묵은 때가 가득하여 눈 아래 코

---

80) 경국지색(傾國之色) : 임금이 혹하여 나라가 기울어도 모를 정도의 미인이라는 뜻으로 뛰어난 미인을 말함.

가 있음을 알 수 없었고 머리털은 헝클어져 방석 같고 옷은 해져서 몸을 가리지 못했으니 그 누추함은 차마 똑바로 볼 수 없을 정도였다. 그러나 엄숙한 몸가짐은 기산[81]에 웅크린 맹호(猛虎) 같았고, 상쾌한 모습은 청룡이 벽해(碧海)에서 몸부림을 치는 듯했다. 또한 풍채는 늠름하였으며 코가 우뚝하고 얼굴 생김새는 용과 같아 당당히 제왕(帝王)의 기상이 있었다. 이에 장 소저는 걸인과의 만남을 부처의 지시라 생각하여 마음속으로 기뻐하며 고개를 숙이고 말없이 머리에 있던 봉채[82]을 빼 주었다. 봉채를 받은 걸인은 그것을 반으로 꺾어 반은 자신이 갖고 나머지는 장 소저에게 돌려주며 말했다.

"이것을 신물(信物)로 삼아라. 나는 동국 사람 주원장[83]이다. 어젯밤 꿈에 대성사 부처가 나타나 계수나무

---

81) 기산(岐山) : 중국 섬서성(陝西省) 보계시(寶鷄市) 기산현(岐山縣) 동부에 있는 산으로 주나라 시조인 고공단보(古公亶父)가 이 산 남쪽 기슭을 주나라 왕실의 본거지로 삼아 간혹 왕실의 발상지에 비유됨.

82) 봉채(鳳釵) : 봉황의 무늬를 새긴 비녀 등의 머리 장식.

83) 주원장(朱元璋, 1328~1398) : 중국 호주(濠州) 종리(鍾離) 사람으로 본명은 중팔(重八)이었고 어려서 집이 매우 가난하여 남의 집에서 목동 일도 하고 황각사(皇覺寺)에 들어가 승려 노릇도 했음. 25세에는

꽃가지를 하나 주며 '이 꽃을 후원에 심고 물을 주어 잘 기르면 월궁항아가 될 것이다'라 하였으나 미처 깨닫지 못했다. 그런데 지금 낭자를 만나 신물을 나누었으니 이것이 부처의 지시가 아니면 무엇이리오?"

장 소저가 답했다.

"저는 언약을 지킬 것이니 낭군 또한 뜻을 세운 뒤 저를 찾으소서."

이 말을 들은 주원장이 감탄하며 말했다.

"차후 계양 땅에서 대병(大兵)이 일어났다는 소문을 듣거든 내가 군사를 일으킨 줄 알고 찾기를 기다리라."

주원장과 이별한 장 소저는 날이 밝은 뒤 곧바로 이 승상 댁으로 돌아갔다. 이 부인은 소저를 반기며 지극한 정성을 칭찬하다가 머리에 있던 봉채가 없음을 이상하게 여겨 그 까닭을 물었다. 장 소저는 한동안 말이 없다가 고개를 숙이고 대성사에서 있었던 일을 자세히 고했다. 이 말을 들은 이 부인은 두 사람의 만남은 하늘이 정한 것이라

곽자흥(郭子興)이 이끌던 홍건군(紅巾軍)에 참여하여 반원(反元) 투쟁을 하다, 1368년 농민 봉기군을 격파하고 응천부(應天府)에서 황제로 등극하여 명 태조(재위 1368~1398)가 됨.

탄복하며 장 소저를 더욱 귀하게 여겼다.

    차설. 대성사를 떠난 주원장은 이후 천왕묘[84])에서 잠을 자고 있었다. 그 마을에는 유기[85])라는 사람이 살았는데, 신장은 구 척이었고 지략이 남달랐다. 그러나 유기는 뜻을 얻지 못하여 두루 세상을 돌아다녔는데, 하루는 집에 들어와 잠이 들었다. 그런데 삼경쯤 되니 어떤 사람이 냇물을 요란하게 건너오는 소리가 들렸다. 이상한 마음이 든 유기가 일어나 그 사람에게 까닭을 물으니 그자가 말하기를,

    "우리는 천왕묘 신령으로 오늘 밤 대명 태조께서 묘 안에 들어와 머무시기에 감히 함께 있을 수가 없어 잠깐 피하는 것이다."

---

84) 천왕묘(天王廟) : 삼황오제에서부터 원 세조에 이르는 16명의 개국 황제의 제사를 올리기 위한 역대 제왕의 묘. 명나라를 건국한 주원장이 수도로 정한 응천부의 새로운 이름인 남경(南京)의 흠천산(欽天山) 남쪽에 만들어짐. 명나라가 망하자 청나라는 명 태조의 신위 또한 천왕묘로 옮겼음.

85) 유기(劉基, 1311~1375) : 명나라의 개국공신으로 후인들은 그를 제갈무후(諸葛武侯)와 비교했고 주원장은 한나라 개국공신인 장량(張良)에 비유하여 '나의 자방(子房)'이라 칭했음.

하고는 사라졌다. 이 말을 들은 유기는 이상한 생각이 들어 천왕묘로 가서 그 주변을 살펴보았다. 그런데 마침 그곳에는 한 사람이 깊이 잠들어 있었는데 자세히 보니 의복이 남루하고 모습은 곤궁하여 굶주린 걸객과도 같았으나, 상서로운 구름이 그를 감싸고 있으니 황홀함을 이루 말할 수 없었다. 이러한 모습에 크게 이상함을 느낀 유기는 곁에 앉아 걸객이 잠에서 깨어나기를 기다렸다. 이윽고 그 사람이 놀라 깨어 일어나 앉으며 말하기를,

"승상이 어찌 이곳에 왔는가?"

하니, 유기가 깜짝 놀라며 말했다.

"소생은 이 마을에 사는 미천한 사람입니다. 저를 승상이라 부르시는 까닭을 진실로 깨닫지 못하겠으나, 아까 신통한 일이 있어 이곳에 왔사오니 사실을 말해 주길 바라나이다."

그 사람이 말했다.

"나는 조선인이니 성명은 주원장이다. 본디 집이 가난하여 정처 없이 떠돌다가 우연히 중국에 들어와 인심을 살피고 있었는데, 꿈속에서 승상이 찾아와 '어찌 잠만 자느뇨?' 하기에 놀라 깨니 과연 그대가 곁에 앉아 있어 알게 된 것이다. 지금 원나라 황제가 무도하여 천운(天運)이 다하였고 천하의 호걸들이 봉기하고 있으니 나 또한 삼척검

(三尺劍)을 잡아 '진나라의 잃은 사슴'[86]을 잡고자 하나 함께할 사람을 얻지 못하였는데, 이제 그대를 만나니 족히 근심이 없으리로다."

이 말을 들은 유기는 크게 기뻐하여 집으로 돌아와 처자식을 불러 가산을 수습하라 하고는 주원장과 함께 계양 땅으로 향했다. 이때는 극심한 가뭄으로 흉년이 들어 곳곳에 굶주려 죽은 자가 셀 수 없었으나, 유독 계양 땅은 풍년이었다. 따라서 사방에서 걸인들이 구름같이 모여들었으니 유기는 주원장과 함께 걸인들의 괴수(魁首)가 되어 매번 엄숙하게 행동했다. 그러던 어느 날, 유기가 이들에게 영(令)을 내리기를,

"날이 밝기 전에 서까래 한 개와 짚 한 단을 구해 오되 명을 어기는 자가 있으면 계양 땅에서 내칠 것이다."

---

[86] 진(秦)나라의 잃은 사슴 : 사마천의 《사기(史記)》에 나오는 '중원축록(中原逐鹿)'에서 비롯된 말. 유방을 도와 한나라를 건국한 한신이 여후(呂后)와 소하(蕭何)의 함정에 빠져 죽은 뒤 유방이 과거 한신에게 모반을 권했던 괴통(蒯通)을 삶아 죽이려 하자 괴통이 유방에게 진(秦)나라가 망하게 되어 각처에서 영웅호걸들이 일어났을 때를 돌이켜보라며 항변했던 고사에서 비롯된 것으로 황제의 자리를 다투는 것을 의미함.

하니, 다른 땅에 먹을 것이 없음을 아는 걸인들은 즉시 영을 따라 짚단 등을 얻어 왔다. 유기는 이것들을 모아 계양 땅 동문 밖에 있는 평평하고 넓은 들판에 집 한 채를 지었는데, 족히 천병만마를 수용할 만했다. 또한 유기는 짚을 엮어 커다란 그릇을 만든 뒤 모든 걸인에게 약속하기를,

"너희는 빌어 오는 밥을 모두 이 그릇에 넣고 함께 나누되, 만일 사사로이 먹는 자가 있으면 무리에 두지 않을 것이다."

하니, 모든 걸인이 유기와 주원장의 너그러움에 탄복하였고 또한 그들의 위엄을 두려워하여 조석으로 밥을 빌어다 바쳤다. 유기는 그 밥을 큰 그릇에 모아 놓고 걸인들을 나이대로 앉혀 똑같이 나누어 주었으며 혹 밥을 얻어 오지 못한 자라도 배불리 먹게 하였으니 모두 즐거워했다. 이럭저럭 시간이 흘러 겨울이 가고 봄이 오니 걸인들은 정이 두터워져서 마치 형제와도 같았다. 유기는 가산을 모두 팔아 십만여 금을 마련하여 무기와 군복을 준비하여 감추었다. 그리고는 걸인들을 모아 술을 먹인 뒤 이들의 마음을 시험코자 불덩이를 그릇에 담아 차례로 돌렸다. 이때 한 곳에 불덩이가 이르자 한 사람이 불이 든 그릇을 들고 자리에서 일어나 주원장과 유기를 향하여 말했다.

"마땅히 명령을 좇으리다."

자세히 보니 그자는 유문정이었다. 걸인들의 마음을 떠보려던 주원장과 유기는 그가 물불을 피하지 않을 줄 짐작하고 가만히 웃으며 물었다.

"그대는 어찌 알았는가?"

유문정이 답하기를,

"장수가 불을 전한 것은 반드시 군사를 일으키고자 한다는 뜻입니다. 우리 삼백여 인은 친척과 분묘를 버리고 장군을 좇아 유리걸식하며 숙식을 함께 하였고, 장군께서는 우리를 인의로써 대하셨으니 그 은혜는 태산과 같습니다. 장부가 세상에 태어나 이름을 후세에 남기는 것은 떳떳한 일입니다. '왕후장상(王侯將相)이 영유종호(寧有種乎)'라 하였으니 왕과 제후, 장수와 재상의 씨가 어찌 따로 있겠습니까?"

하니, 유기가 듣고는 매우 칭찬하며 유문정의 손을 이끌어 곁에 앉힌 뒤 앞일을 의논하니 모든 사람이 따르고자 했다. 주원장은 기뻐하며 바로 백마를 잡아 하늘에 제를 올리고 화살을 꺾어 맹세하며 유문정에게 말했다.

"그대가 오늘 밤 계양성 군기(軍器)를 쌓아 둔 곳에 불을 놓는다면 반드시 저들은 성문을 열고 불을 끄려 할 것이다. 이때 내가 삼백육십 인을 데리고 거짓으로 불을 끄는 척하다가 이리이리 할 것이니 언약을 잊지 말라."

유문정은 고개를 끄덕이고 바로 길을 떠났다. 그날 사경,87) 과연 계양성 안에 불이 일어나니 백성들은 사문을 활짝 열고 모여들어 불을 끄기 시작했다. 이때 유기는 군사를 이끌고 성안으로 들어가 민가에 불을 놓는 한편, 군기를 탈취하여 성 동문으로 가지고 나오니 창칼과 화살 등이 셀 수 없이 많았다. 군기를 본 주원장은 매우 기뻐하여 급히 군을 모아 진세(陣勢)를 펼치고 유기를 선봉장으로 삼고 유문정에게 정동장군88)을 맡겼다. 그리고 자신은 대원수가 되어 삼군(三軍)을 이끌고 일시에 고함을 지르며 성문으로 짓쳐 들어갔다. 성안에 불이 나 불빛이 충천하더니 뜻밖에 천병만마가 들어오자 백성들은 모두 도망하여 이들을 막을 자가 없었다. 계양 태수는 할 수 없이 전패89)를 들고 나와 주원장을 꾸짖으며 말했다.

"무지한 도적이 어찌 나를 당하리오? 내 비록 재주 없으나 너희 무리는 족히 두렵지 않다. 그러나 시운이 불리

---

87) 사경(四更) : 새벽 1시에서 3시 사이.
88) 정동장군(征東將軍) : 동쪽으로 진격하는 군대를 지휘하는 장군.
89) 전패(殿牌) : 임금을 상징하는 '전(殿)' 자를 새겨 각 고을의 객사(客舍)에 세운 나무패.

하여 천도가 다하였으니 어찌 살기를 구하겠는가? 내 마땅히 스스로 목숨을 끊어 어진 귀신이 되리라!"

말을 마친 계양 태수는 스스로 목을 베어 죽으니, 주원장은 그의 충심을 칭찬하고 계양의 군사들을 모아 진세를 굳건하게 하는 한편 백성들을 어루만져 위로하여 즐기게 했다. 그리고는 유문정에게 계양을 지키게 하고 군사를 이끌고 나아가 파주성을 공격하여 한 번에 항복 받고, 북을 울려 군사를 점고(點考)하니 정병(精兵)이 삼십만이었다. 주원장은 기운을 가다듬기 위해 군사를 쉬게 하고 잔치를 크게 열어 즐기던 중 갑자기 한숨을 쉬고 유기를 돌아보며 말했다.

"내가 어려서 스승께 양육의 은혜를 입고 이제 대원수가 되었으니, 스승을 청하여 함께 놀리라."

주원장이 즉시 사람을 보내 스승을 청하여 술과 안주를 내와 권하니 은근한 정이 매우 깊었다. 주원장은 곧 만취하여 책상을 의지하여 깊은 잠에 빠졌다. 이 모습을 본 스승이 문득 생각하기를,

'내가 주 원수와 수십 년을 동거하였으나 어려서부터 왼손 펴는 것을 보지 못했으니, 오늘이 아니면 어느 날 볼 수 있겠는가?'

하고 가만히 주원장의 왼손을 펴니, 손바닥에 '대명천

자(大明天子)'라는 글자가 붉은색으로 쓰여 있었다. 이를 본 스승은 깜짝 놀라 왼손을 도로 접고 앉아 있었는데, 잠시 뒤 잠에서 깬 주원장이 일어나 앉으며 눈썹을 찡그리고 말했다.

"사부께서 나를 사랑하여 친자같이 생각하시니 태산과 같은 은혜를 어찌 한시라도 잊겠습니까? 이에 소자는 천하를 평정하고 대업을 이룬 후 그 은공을 갚으려 했습니다. 그런데 사부께서 그 뜻을 알지 못하고 내 손을 펴 천기[90]를 누설하였으니 어찌 사정이 있겠습니까? 천하를 원하는 자는 불고부모(不顧父母), 즉 부모도 돌아보지 않는다고 하였으니 내 이제 사부를 죽여 누설의 기운을 없애려 합니다. 엎드려 바라옵나니 사부는 나를 원망치 마소서. 반드시 왕(王)의 예(禮)로 장사를 지내고 사시(四時) 제사를 끊지 않겠습니다."

주원장은 눈물을 흘리며 무사를 명하여 스승의 머리를 베었다. 그리고 하늘에 제사하고 왕의 예로 안장했다.

차설. 관서 태수[91]가 장졸들과 함께 성 밖으로 나와 격

---

90) 천기(天機) : 하늘의 비밀.
91) 경판본에는 관서 태수의 성명이 단양 태수와 똑같이 '이연횡'으로

서를 전했는데, 열어 보니 내용은 다음과 같았다.

관서 태수는 삼가 글을 써 주 원수께 올립니다. 소관[92]이 비록 식록지신[93]이 되어 일방을 지키고 있으나 본디 당(唐)나라를 섬긴 까닭에 무도한 원 황제를 섬기는 것을 부끄러워하였습니다. 그런데 이제 장군께서 의병을 일으키시니 소관은 허리 숙여 이 고을을 바치고자 합니다. 장군께서는 군사를 합하여 천하를 도모하는 것이 어떻겠습니까?

글을 모두 읽은 유기가 크게 기뻐하며 주 원수를 보고 관서 태수를 맞게 하니, 여러 고을에서 장졸들이 구름처럼 몰려왔다. 주원장은 관서 태수를 표기장군[94]으로 삼고 유

나타남. 이에 혼란을 없애고자 현대어역에서는 관서 태수의 이름을 생략하였음.

92) 소관(小官) : 관리가 남에게 자기를 낮추어 부르는 말.

93) 식록지신(食祿之臣) : 나라에서 녹봉을 받는 신하.

94) 표기장군(驃騎將軍) : 중국의 무관직 가운데 대장군을 제외한 가장 윗자리의 장군.

기와 유문정에게 후군을 맡긴 뒤 마침내 대군을 거느리고 장안으로 향했다. 높이 치켜든 깃발이 해를 가릴 정도로 많았으며 창검은 찬 서리같이 매섭게 번뜩였으니 오래지 않아 멀리서 바라보고 좇는 사람들을 셀 수가 없었다.

각설. 원나라 황제는 날마다 풍악을 갖추고 가는 허리의 미인들과 춤추며 정사를 돌아보지 않았다. 그러니 천하의 인심은 흉흉하고 어지러웠는데, 이때 청주 자사 김연이 표95)를 올렸으니 내용은 다음과 같았다.

> 남방(南方)에서 이름 없는 도적이 일어나 백만 대병을 이끌고 남방 칠십여 성을 무너뜨린 뒤 지금 장안으로 향했다고 하니 그 형세가 매우 큽니다. 엎드려 바라옵나니 폐하께서는 대군을 급히 보내어 도적을 소멸하소서.

표를 본 황제는 깜짝 놀라 조정의 모든 벼슬아치를 모아 도적을 막을 계책을 의논했다. 이때 여러 대신 가운데 한 사람이 나아와 황제께 아뢰었다.

---

95) 표(表) : 고대 중국의 문체로 신하가 황제에게 올리는 글.

"신이 비록 재주는 없사오나 한 무리의 병사들을 내어주신다면 도적을 물리쳐 폐하의 근심을 덜겠습니다."

모두가 바라보니 그는 바로 병부상서[96] 한충국이었다. 황제는 크게 기뻐하며 한충국을 대원수로 삼고 남성을 부원수로 삼았다. 또한 최덕명에게 양초(糧草)의 운반을 맡기고 연평덕에게는 도성을 지키라 명한 뒤, 친히 군사를 이끌고 의기양양하게 행군하니 장수가 천여 명에 정병이 백만이었다. 원나라 군사들이 호호탕탕[97] 행군하여 연주 땅에 도착하니, 장백은 이정을 명하여 육화진을 치고 있었다. 이 모습을 본 한충국이 앞으로 나아가 꾸짖으며 말했다.

"너는 어떤 도적이길래 감히 중원을 침범하여 백성들을 요란케 하느냐? 빨리 나와 내 칼을 받아라!"

이 말을 들은 이정이 더욱 큰소리로 꾸짖으며 말했다.

"나는 이정 장군이다. 하늘이 우리 장 원수를 내사 무도

---

[96] 병부상서(兵部尙書) : 병부는 중국 수나라 및 당나라 시대에 설립된 6개의 부서 가운데 하나로 군무원 선발, 병적 등록, 병기 등을 관장했음. 병부상서는 병부의 장관으로 오늘날 국방부 장관에 해당.
[97] 호호탕탕(浩浩蕩蕩) : 기세 있고 힘차게.

한 원나라 황제를 멸하고 도탄에 빠진 백성을 건지고자 하시니 너는 빨리 나와 자웅(雌雄)을 겨루라!"

　두 사람은 힘껏 싸웠으나 십여 합이 되도록 승부가 나지 않았다. 이때 이정이 돌연 몸을 돌려 자기의 진으로 돌아갔다. 그리고는 육정육갑을 불러 진세를 더욱 웅장하게 한 뒤, 황금 투구에 수은갑[98]을 입고 다시 청총마에 올라 장창(長槍)을 빗겨 들고 진 앞으로 나와 원나라 군사들에게 싸움을 걸었다. 이 모습을 본 원나라 황제는 분노하여 부장[99]인 남성을 명하여 이정과 맞서게 하니, 남성은 곧장 창을 빼 들고 말을 달려 이정과 싸우기 시작했다. 그러나 채 열 합이 되지 않아 이정의 칼이 가는 곳에 남성의 머리가 떨어져 말 아래서 뒹구니, 이정은 남성의 머리를 창 끝에 꿰어 들고는 다시 좌충우돌하며 원나라 군사들을 공격했다. 원나라 진영에서 남성의 죽음을 본 표기장군 충방은 매우 분노하여 화극[100]을 들고 달려가 이정과 맞섰

---

98) 수은갑(水銀甲) : 수은을 입힌 쇠로 만든 갑옷의 일종.
99) 부장(副將) : 부원수를 말하는 것으로 대원수를 보좌하는 장수를 말함.
100) 화극(畫戟) : 색칠을 하거나 그림을 그려 넣은 창(槍).

으나 칠십여 합이 되도록 승부가 나지 않았다. 그러던 중 충방이 온 힘을 다하여 칼을 날려 이정의 가슴을 노렸으나, 이정은 이를 대수롭지 않게 피하며 오히려 창을 들어 충방의 머리를 찔러 충방을 말에서 떨어뜨렸다. 이 모습을 본 원나라 장졸들은 겁나고 두려워 싸울 마음이 사라져 버렸다. 이정이 의기양양하여 큰소리로 말하기를,

"나를 대적할 자가 있거든 빨리 나와 싸우라!"

하고 진 앞을 활보하니 이윽고 한 장수가 나아와 큰소리로 외치기를,

"나는 원나라 대장군 산호다. 충방의 원수를 갚으리라!"

하고 달려드니, 이정이 웃으며 말했다.

"어린아이가 큰소리를 치니 가히 우습구나."

곧 두 사람은 맞서 싸웠으나 몇 합이 되지 않아 이정의 칼이 빛나며 산호의 머리가 떨어졌다. 이정이 다시 큰소리로 외쳤다.

"원제(元帝)는 죄 없는 장수들만 죽이지 말고 빨리 나와 항복하라!"

원나라 황제는 매우 화가 나 즉시 대원수 한충국을 불러 말했다.

"지금 적세가 강성하여 우리의 명장(名將) 삼인(三人)

이 모두 목숨을 잃었으니 어찌 분하지 않으리오? 경이 한 번 나아가 이정의 머리를 베어 온다면 내 천하를 반으로 나누리라."

한충국이 말하기를,

"신이 비록 재주는 없사오나 오늘 싸움에서 세 장수의 원수를 갚을 것이니 폐하는 근심치 마소서."

하고는 엄신갑[101]에 황금 투구를 쓰고 곧바로 천리대완마[102]에 올라 대도(大刀)를 빗겨 들었다. 그리고는 포를 쏘며 큰소리로 부르짖은 뒤 진문(陣門)에 나와 외치기를,

"필부[103] 이정은 빨리 나와 내 칼을 받아라! 네 머리를 베어 황상[104]의 근심을 덜리라."

하고 싸움을 재촉하니 이정이 크게 화를 내며 말했다.

"네가 무슨 재주가 있다고 감히 큰소리를 치느냐?"

---

101) 엄신갑(掩身甲) : 갑옷의 일종으로 〈적벽가〉에서 조자룡은 조조와 싸울 때 녹포엄신갑(鹿布掩身甲)을 입은 바 있음.

102) 천리대완마(千里大宛馬) : 하루에 천 리를 달릴 수 있는 명마로, '대완'이란 한대(漢代) 우즈베키스탄 타슈켄트 지방에 있던 명마의 생산국.

103) 필부(匹夫) : 신분이 낮고 보잘것없는 사내.

104) 황상(皇上) : 현재 나라를 다스리는 황제.

두 사람은 곧 맞서 싸웠다. 그런데 삼십여 합에 이르자 한충국의 검술이 점점 빛을 잃기 시작했다. 이 모습을 본 원나라 황제는 행여 충국이 실수할까 걱정하여 징을 쳐 군사들을 부르니, 이정은 쫓아가려다 날이 저문 것을 보고는 자기 진영으로 돌아가 장백에게 말했다.

"내일 싸움에서는 당당히 충국을 벨 것입니다."

장백이 말하기를,

"한충국은 범상한 장수가 아니니 삼가고 가벼이 대하지 말라."

하고는 각 진영에 명하여 잠을 돌아가며 자게 했다. 그런데 그날 밤, 어둠이 깊어지자 한충국의 아우 한충철이 군사를 몰래 거느리고 나타나 장백의 군사들을 무수히 죽였다. 이에 백운현이 벽력같은 소리를 지르며 충철의 군사들을 습격하니 북 치는 소리와 사람들의 함성이 천지에 진동했다. 분노한 이정은 말을 타고 달려가 단 일 합에 충철을 베고, 승승장구하여 원나라 진영으로 갔다. 이 모습을 본 한충국은 유문방과 유경방을 거느리고 이정과 맞섰으나, 오십여 합에 이르자 이정의 칼에 두 장수의 머리 또한 추풍낙엽(秋風落葉)처럼 떨어졌다. 원나라 장졸들은 크게 두려워 더 이상 싸우지 못했고, 황제는 넋을 잃고 한동안 말을 하지 못하다가 여러 장수를 돌아보며 말했다.

"짐의 군사가 백만이요, 장사가 천여 명이나 저 조그만 도적을 당하지 못하고 예기(銳氣)가 꺾였으니 누구를 믿고 사직을 보전하리오?"

이때 많은 신하 가운데 한 사람이 나아와 아뢰기를,

"신이 한번 나아가 장백과 이정의 머리를 베어 천하를 평정하고 폐하의 근심을 덜겠습니다."

하자, 모두가 바라보니 병마도총사[105] 권행이었다. 권행은 즉시 말에 올라 적진으로 달려들며 큰소리로 외쳤다.

"이 조그만 도적이 감히 대국(大國)에 항거코자 하는가! 내 칼이 사정이 없나니 목을 늘여 내 칼을 받아라!"

이 말을 들은 이정이 비웃으며 말했다.

"어린 강아지 맹호(猛虎)를 모르는구나."

두 사람은 곧 맞서 싸웠다. 이때 갑자기 권행이 진언을 외우니 수많은 신병(神兵)이 달려들어 이정의 군사들을 살해하니 그 형세가 몹시 위태로웠다. 이 모습을 본 장백은 놀라 호통치며 달려들어 철장(鐵杖)으로 귀졸(鬼卒)들을 쓸어버리고 권행과 맞서 싸웠다. 칠십여 합에 이르자

---

105) 병마도총사(兵馬都摠使) : 군대, 무기, 군비 등 전쟁에 관한 일을 통솔하는 벼슬.

뒤로는 이정이, 좌우에는 백운단 삼 형제가 달려들어 일시에 협공하니 원나라 장졸들의 주검은 산처럼 쌓이고 피는 흘러 강물이 되었다. 권행은 더 이상 대적할 수 없어 달아났으나 장백의 칼이 번쩍이자 그의 머리 또한 검광을 따라 떨어지니, 이정이 권행의 머리를 창끝에 달고 좌우충돌하며 큰소리로 외쳤다.

"원제는 죄 없는 장졸만 죽이지 말고 빨리 나와 항복하라!"

이 모습을 지켜본 원나라 황제는 어찌할 바를 몰라 허둥지둥하다가 조금 남은 군사들을 거두어 진을 치고 밖으로 나서지 않으니, 중서령[106] 최감이 아뢰었다.

"난데없는 적병이 황성에 들어와 제위(帝位)를 빼앗고 십만 병을 거느려 이곳으로 온다고 하니, 폐하께서 어떻게 적군을 감당하시겠습니까? 차라리 장백에게 항복하여 목숨을 보전하는 것이 나을 것입니다."

이 말은 들은 원제는 혼백이 나가 정신을 차릴 수 없어 아무런 말도 하지 못하다가 통곡하며 말했다.

---

[106] 중서령(中書令) : 중국의 위진남북조시대를 거치며 정립된 3성 6부제에서 중서성의 장관을 말함.

"짐이 박덕하여 종사를 보전치 못하니 하늘이 망하게 하심이라."

원제가 옥새를 봉하여 목에 걸고 연주 거리에 나와 항복하니, 장백이 옥새를 가져가며 원제를 꾸짖으며 말했다.

"그대가 포학하고 국정을 다스리지 못하니 어찌 하늘이 무심하겠는가? 그 죄를 면치는 못하리니 마땅히 저자에서 목을 베야 할 것이나, 내 그대를 십분 용서하여 안평공(安平公)으로 봉하노라."

장백은 원나라 황제를 함께 자리에 앉게 한 뒤 잔치를 크게 열어 군사들을 위로하고 백성들을 안무했다. 그리고는 곧장 장안으로 향하고자 했다.

각설. 주원장이 계양을 무너뜨리고 군사를 얻으니 병사가 삼십만이었다. 이들을 이끌고 장안으로 향하니 지나는 길에 대적하는 이가 없었고 오히려 사람들이 길을 열어 영접하였으니, 물밀듯 남경 칠십여 성(城)의 항복을 받고 예주에 이르렀다. 주원장은 이곳에서 군사들을 쉬게 했는데, 문득 연주 땅의 적병이 강성하여 원나라 황제가 친히 정벌하러 가 황성이 비어 있다는 말을 듣게 되었다. 이 소식을 들은 주원장은 매우 기뻐하며 급히 군사를 이끌고 장안으로 들어갔는데, 성안의 백성들은 이미 다 피란하여 그곳의 상황을 물을 곳조차 없었다. 이에 주원장은 일 합에 도성을 지키던 연평덕을 죽이고 궁중으로 들어가 황후와 비빈(妃嬪)들을 잡아 참하였으나 미녀와 옥백(玉帛)은 조금도 범하지 못하게 했다. 또한 방을 붙여 백성들을 안무하고 온 나라의 죄인을 사면한 뒤 수많은 장졸을 모아 크게 잔치하며 연주의 도적을 물리칠 묘책을 의논하니 여러 장수가 고하기를,

"소장(小將)들이 주 원수를 좇아 시석[107]을 무릅쓰고 세상 고난과 고통을 생각지 않고 이곳에 들어온 것은 원수가 대업을 이룬 후 봉작[108]하시길 바라서입니다. 이제 원수께서 먼저 장안에 들어오사 덕택(德澤)이 벌써 사방에 미쳐 백성들이 즐겁게 생업에 종사하고 있으니 원수께서는 마땅히 황제의 자리에 올라 천하를 평정하소서."

주원장이 옳다고 생각하여 제위(帝位)에 오르니 때는 무신년(戊申年) 추구월(秋九月) 갑자일(甲子日)이었다. 모든 신하가 동시에 무릎 꿇고 만세를 불렀으며, 국호(國號)를 대명(大明)이라 하고 연호(年號)는 홍무(洪武)라 했

---

107) 시석(矢石) : 예전에 전장에서 무기로 쓰던 화살과 돌을 이름.
108) 봉작(封爵) : 제후로 봉하고 관직을 줌.

다. 상109)이 황극전(皇極殿)에 앉아 여러 신하의 벼슬을 돋우시니, 유기를 좌승상(左丞相)으로 삼고 유문정에게는 병부상서(兵部尙書)를 제수했으며 나머지 장졸들도 차례로 봉작한 뒤 크게 잔치를 열어 즐겼다. 이때 좌승상 유기가 아뢰었다.

"연주 병이 원제의 항복을 받고 옥새를 가져갔으나 족히 근심할 것은 없습니다. 그러나 장백은 분명 장안을 빼앗긴 것에 분노하여 우리와 죽기로써 싸울 것입니다. 그러니 폐하께서는 급히 정병을 뽑아 잔병을 소멸하시고 옥새를 찾으소서."

상이 옳다고 여겨 유문정에게 정병 백만을 거느리고 가 연주의 병사들을 물리치라 명하니, 유문정은 명을 받들어 그날로 길을 떠났다. 예부상서110) 호전이 아뢰었다.

"폐하께서 천명(天命)을 받들어 만승지위111)에 계시니

---

109) 상(上) : 임금의 높임말인 상감(上監)의 준말로 여기서는 명 태조 주원장을 이름.
110) 예부상서(禮部尙書) : 궁중의 의례, 의전, 외교, 교육, 채용 등을 담당하는 기관인 예부(禮部)의 장관.
111) 만승지위(萬乘之位) : 천자 혹은 황제의 자리.

천하 백성들 가운데 흠모하고 감탄하지 않는 이가 없습니다. 그러하오나 내전112)이 비어 허전하오니, 바라옵건대 폐하께서는 황후를 간택하시어 백성들의 바람을 저버리지 마소서."

상이 공교로워하며 한숨을 쉬며 가로되,

"짐이 당초 사방을 유리할 때 우연히 대성사에서 능주에 살던 장 승상의 딸을 만났다. 인물이 비범하기에 이후 찾겠노라 약속하였으니 이제 그 소저를 찾아 황후를 봉하는 것이 좋을까 하노라."

하고는 곧 예관113)을 명하여 위의(威儀)를 갖추고 편지를 써 장 소저에게 보냈다.

각설. 이 승상 댁에 머물던 장 소저는 일신은 편안했으나 장백 생각에 밤낮으로 눈물 마를 날이 없어 매양 이 부인의 위로 속에서 세월을 보냈다. 그러던 어느 날, 계양 땅에서 군대가 일어났다는 말이 들리자 장 소저는 대성사에서 주원장이 한 말을 생각하며 그가 군사를 일으켰다면 약

---

112) 내전(內殿): 황후나 왕비가 거처하던 궁전.
113) 예관(禮官): 궁중에서 제향(祭享), 조회(朝會), 교빙(交聘) 등에 관한 일을 관장하는 벼슬아치.

속대로 자기를 찾을 거라 믿었다. 그러나 세상이 요란한 까닭에 앞일을 알 수 없어 그저 하늘의 뜻만 바라며 광음(光陰)을 보내고 있었는데 어느 날, 밖에서 요란스럽게 떠드는 소리가 나더니 이 부인이 급히 들어와 소저에게 황제의 편지가 도착했다고 말했다. 장 소저는 깜짝 놀라 어쩔 줄 모르다가 편지에 동봉된 부러진 봉채를 보고는 마침내 편지를 열어 보았다. 편지에는 다음과 같은 글이 적혀 있었다.

대명 황제 주원장은 삼가 글을 써 장 소저 앞에 올리노라. 하늘이 사람을 내시매 각기 임자가 있는지라. 짐이 본디 조선 사람으로 미천함을 면치 못하여 혈혈단신으로 사방을 떠돌다가 우연히 대성사에서 소저를 만나 창졸간에 봉채를 꺾어 혼인을 정했으니, 소저의 귀한 몸으로 짐의 누추함을 꺼리지 않고 허락한 은혜가 망극한지라. 이별 후 자연히 구할 사람을 만나 짐은 먼저 계양을 쳐 항복 받고 지나는 곳마다 백성들이 귀순하니 정병이 백만이요, 대갑(大甲)은 수십만이 되었노라. 한 번 북을 쳐 남경 칠십여 성의 항복을 받았으니 이름이 사해에 진동하였고 순식간에 장안에 들어와 천자의 자리에 올랐으나 다만 옥새를 찾지 못하였고 겸하여 내전이 비어 있으니 만일 언약을 저버리지 않는다면 이 부인을 모시고 황성으로 돌아오기를 바라노라.

편지를 다 읽은 장 소저는 황홀함을 이기지 못하여 이 부인을 모시고 황금 가마에 올라 즉시 황성으로 향했다. 백만 대병이 앞뒤에서 호위하고 쌍쌍이 짝지은 시녀들은 좌우에서 시위하였으며, 예관이 뒤를 따르는 가운데 악공들의 풍악 소리가 원근에 가득하니 구경하는 사람들로 도로가 넘쳐났다. 장 소저는 마침내 궐 안으로 들어와 상과 혼례를 치르고 자리에 마주 앉았다. 빛나는 곤룡포를 입고 통천관을 쓴 상과 온갖 보물로 만든 명월패를 한 소저의 모습은 대성사 법당에서 처음 만났을 때와는 비교조차 할 수 없었다. 상은 이 승상 부인을 별궁(別宮)에 머물게 하였으며, 만조백관이 황후 책봉을 축하하는 예를 마치자 걸인 삼백여 명을 모두 봉작했다.

재설.[114] 장백은 황성을 잃고 분노하여 바로 장안을 쳐

---

114) 재설(再說) : 편지나 소설에서 다른 이야기를 하다가 앞에 했던 이야기를 이어서 할 때 첫머리에 쓰는 말.

짓밟고자 했다. 그러나 벌써 주원장이 대명 황제가 되어 정병 백만을 연주로 보냈다고 하니, 매우 화가 나 이정을 부장으로 삼아 팔문금쇄진115)을 치고 명나라 군사들을 기다렸다. 과연 오래지 않아 명군이 도착하여 싸움을 걸어오니 이정이 진노하여 욕하며 말하기를,

"우리 장 원수가 의병을 일으켜 무도한 원나라 황제의 항복을 받고 옥새를 얻었으니 이는 하늘이 주신 것이다. 그런데 너희 무리가 부질없이 하늘에 항거하니 죽고 싶거든 빨리 나와 내 칼을 받아라!"

하고 달려드니, 명나라 병부상서 유문정이 크게 화를 내며 꾸짖어 말하기를,

"우리 황상이 천시에 응하여 의병을 일으키시니 남경 칠십여 성이 항복하였다. 또한 먼저 장안으로 들어가 백

---

115) 팔문금쇄진(八門金鎖陣) : 여덟 개의 문으로 이루어진 둥근 모양의 진으로, 손빈(孫臏)이 창안하고 이후 여러 병법가를 거치며 변화·발전한 것으로 알려짐. 여기서 팔문이란 휴(休), 생(生), 상(傷), 두(杜), 경(景), 사(死), 경(驚), 개(開)의 여덟 문을 말하는데, 생문(生門), 경문(景門), 개문(開門)으로 들어가면 길(吉)하나, 상문(傷門), 경문(驚門), 휴문(休門)으로 들어가면 다치고, 두문(杜門), 사문(死門)으로 들어가면 백전백패함.

성을 안무하고 인심을 진정시켰으니 '선입정관중'116) 즉, 유방이 먼저 관중을 차지한 것과 같다. 그러니 네가 옥새를 얻었으면 이를 진천자께 드려 공명이나 얻을 것이지 당돌하게 천병117)에 항거하니 어찌 하늘이 무심하겠느냐?"

하고는 장백의 군사들과 맞서 싸웠다. 십여 합쯤 되자 백운현이 유문정이 탄 말을 찔렀다. 그러나 만 명의 장부도 당할 수 없는 용맹을 지닌 유문정은 급히 말 위에서 몸을 날려 달아났고 이 모습을 본 백운현 또한 몸을 날려 급히 유문정의 뒤를 쫓았다. 이때 명나라 진영에서 한 장수가 급히 나오며 말했다.

"적장은 나의 형을 해치지 말라!"

이 장수는 유문정의 아우인 유문경이었다. 유문경은

---

116) 선입정관중(先入定關中) : 진(秦)나라 말기 항우는 북로(北路)에서 유방은 남로(南路)에서 각각 관중의 중심부에 자리한 진나라의 수도인 함양(咸陽)으로 진격하고 있었는데, 이때 회왕(懷王)은 함양(咸陽)에 먼저 들어간, 즉 '선입정관중(先入定關中)'하는 사람을 관중왕(關中工)으로 삼겠다고 약속했음. 따라서 여기서는 먼저 장안을 차지한 주원장에게 제왕의 자격이 있음을 강조한 것임.

117) 천병(天兵) : 천자의 군대를 이르는 것으로 여기서는 명나라 군사들을 말함.

백운현을 맞아 이십여 합을 싸웠으나 승부를 가리지 못했는데, 갑자기 백운현이 소리를 지르며 문경을 찌르니 문경은 곧 말에서 떨어져 죽었다. 동생의 죽음을 본 유문정은 분노하여 선봉장인 홍용의 말을 앗아 타고는 곧바로 백운현에게로 달려들었다. 그러나 두 사람은 칠십여 합에 이르도록 승부를 가리지 못했다. 이때 장대에서 양진의 승패를 살피던 유문정의 형 유방은 문경이 죽고 문정마저 위태한 것을 보자, 즉시 좌장군[118] 유문타와 총독[119] 이경덕을 명하여 백운현과 맞서게 했다. 그리고 이들이 합세하여 삼십여 합에 이르자 마침내 유문정의 칼이 번쩍이며 백운현의 머리가 말 아래로 떨어졌다. 멀리서 아우가 죽는 모습을 본 백운선은 통곡하고 백운단과 함께 뛰쳐나가 유문정 등과 싸워 오십여 합에 이르렀다. 그런데 돌연 유문정이 말을 돌려 명나라 진영으로 돌아가니 백운단, 백운선 형제는 더욱 분노하여 말을 채찍질하여 유문정을 쫓아 명

---

118) 좌장군(左將軍) : 전장군(前將軍), 후장군(後將軍), 우장군(右將軍)과 함께 대장군 밑에 있는 사방장군(四方將軍)의 하나.

119) 총독(總督) : 중국 명청(明淸) 시대 지방의 군사와 재정 등을 관장한 높은 벼슬아치.

진으로 갔다. 그런데 유문정은 간데없고 팔문금쇄진이 철통같으니 능히 뚫을 방도가 없었다. 이에 어쩔 수 없이 방황하다가 생문120)을 찾아 들어가며 좌우충돌하였는데 홀연 대포 소리가 들리더니 한 대장이 팔 척 장검을 들고 달려왔다. 그는 명나라 선봉장 홍용이었다. 그러나 홍용은 삼 합이 못 되어 큰소리로 꾸짖으며 달려드는 백운단에게 목숨을 잃었으며, 이후 백운단은 승승장구하여 곧바로 명나라 장수 두 명의 목을 더 베었다. 그런데 이때 명나라 장대에서 포 쏘는 소리와 함성이 크게 울리더니 난데없이 비바람이 세차게 일어나며 모래가 날리고 돌멩이가 굴러다녔다. 이를 본 백운단은 정신이 아득해져 어쩔 줄 몰라 하늘을 우러러 탄식하며 말했다.

"우리 삼 형제가 오늘 여기서 죽는구나!"

백운단은 곧 정신을 가다듬어 다시 생문을 찾았다. 이때 장대에 올라 백운단 등의 위태함을 본 장백은 이연횡과 이정을 불러 철기 삼천을 거느리고 나가 급히 운단을 구하라 명했다. 두 장수는 말에 올라 곧 명진으로 향하며 아장 신기에게 뒤를 따르게 하니, 세 장수가 일시에 명나라 군

---

120) 생문(生門) : 팔문(八門)의 하나로 들어가면 길(吉)한 문.

사들과 충돌했으나 비바람이 크게 일어나 운단 등을 찾을 수 없었다. 이에 장백이 이들의 뒤를 따르며 진언을 외워 풍백[121]을 명하여 돌아가게 하니 갑자기 날씨가 명랑해졌고, 마침내 사면을 분별하게 된 세 장수는 즉시 백운단을 찾아 군사를 합쳐 명진을 공격했다. 갑작스러운 공격에 명나라 장졸들은 놀라 항오를 갖추지 못하고 사면으로 달아났으며, 이정은 승승장구하여 연이어 십여 명의 장수를 베었다. 신기 또한 대군을 몰아 기습하니 명진에 싸울 장수는 적고 서로에게 짓밟혀 죽는 자는 무수했다. 잠시 후 유문정이 정신을 차리고 사졸들의 숫자를 세어 보니 삼천여 명뿐이었다. 문정은 군사가 많이 죽고 전쟁에 패한 것을 근심하여 탄식하며 말하기를,

"적세가 강성하여 위태함이 조석(朝夕)에 있으니 이를 장차 어찌하리오?"

하고는 표(表)를 올려 상께 구원을 청했다.

이때 명나라 황제는 유문정을 적진에 보내 놓고 하루하루 승전을 알리는 첩서(捷書)가 오기를 기다리고 있었다. 그런데 문득 구원을 요청하는 유문정의 표가 도착하

---

121) 풍백(風伯) : 바람의 신(神).

니 매우 놀라며 승상 유기를 대원수로 삼아 철기 백만을 이끌고 유문정을 도우라 명했다. 유기는 하직하고 곧장 군사를 거느려 유문정의 진에 이르렀다. 유문정은 유기를 반기는 한편, 적세가 강성하다 이르며 장백 잡기를 의논하니 유기가 말하기를,

"적병이 강성하여 쉽게 물리치기 어려우니 오늘 밤 적이 잠들기를 기다렸다가 그대와 이덕요가 각각 삼만 병을 이끌고 적진의 우편과 좌편을 치고, 나 또한 삼만 병을 이끌고 가 적의 전면을 친다면 저희가 비록 용맹하나 어찌 당할 수 있으리오?"

하고는, 약속을 정하여 밤을 기다렸다가 포 쏘는 소리와 함께 장백의 군사들을 사면에서 습격했다. 예상치 못한 적의 공격에 깜짝 놀란 장백은 급히 이정을 불러 말했다.

"아까 천문을 보니 승상의 주성[122]이 살기를 띠며 자리를 떠났기에 적병이 올 줄은 알았으나 어찌 이와 같을 줄 알았으리오?"

하고는 풍백을 명하여 풍우를 일으키고 번개를 치니,

---

122) 주성(主星) : 점성술에서 어떤 사람의 운명을 맡고 있다고 생각되는 별로 여기서는 명나라 승상인 유기의 별을 말함.

명나라 군사들은 급히 본진으로 돌아갔다. 이때 대원수 유기는 이덕요와 유문정을 거느리고 장백의 진으로 짓쳐 들어갔는데, 백운단을 맞아 싸우던 이덕요가 채 십 합이 못 되어 운단의 칼에 목숨을 잃었다. 이 모습을 본 유기는 크게 분노하여 운단을 죽이고자 했으나 이정이 그 앞을 막고 공격하자 당할 수 없어 자기 진영으로 몸을 돌리니, 장백과 이정은 이 틈을 타 일시에 급습하여 유문정을 생포하여 본진으로 돌아갔다. 명나라 진영으로 돌아온 유기는 때를 기다리며 진을 굳게 지켰고, 유문정을 생포한 장백은 매우 기뻐하며 못내 즐거워했다. 그러다 장백은 장중에서 잠이 들었는데 꿈속에 천관도사가 나타나 말하기를,

"너에게 한 말을 어찌 잊었느냐? 천자는 곧 주씨(朱氏)다. 네가 비록 옥새를 얻었으나 물망이 너에게 있지 아니하거늘 공연히 민심만 요란케 하니 어찌 해를 면하겠느냐? 하물며 황후는 너의 누이다. 골육상전(骨肉相戰)함을 알지 못하니 어찌 한심하지 않으리오?"

하고는 사라졌다. 장백이 심히 이상하게 여겨 생각하기를,

'나에게 과연 누님이 있었으나 도적에게 잡혀갔다가 욕을 볼까 두려워 스스로 소상강에 빠져 죽은 지가 벌써 십 년이 지났다. 이따금 생각하며 사후에나 만나기를 바라고

있었는데 선생이 이런 말씀을 하시니 실로 괴이하구나.'

하고는, 명하여 군사들을 쉬게 한 뒤 유문정을 끌고 와 책상을 치며 크게 꾸짖으며 말했다.

"내가 먼저 원 황제를 잡아 항복을 받고 옥새를 가졌거늘, 네가 거짓 황제를 내고 천병(天兵)에 항거하니 어찌 살기를 바라리오?"

하니, 유문정이 화를 내며 꾸짖기를,

"우리 황상이 성신문무[123]하사 먼저 장안에 들어가셨고 추호도 백성들을 범치 않으시고 대위에 올라 이미 국호를 정하고 장씨를 취하여 황후로 봉하셨으니 굳음이 반석과도 같다. 그런데 네가 부질없이 군사를 일으켜 만대(萬代)에 더러운 사람이 되고자 하니 잔말 말고 빨리 죽어라!"

하니, 장백은 대로하여 즉시 유문정을 죽이고자 했으나, 황후가 장씨라는 말을 듣고 천관도사의 말이 떠올라 화를 삭이고 문정을 진중에 살려 두었다.

재설. 유기는 유문정이 적의 포로가 되자 크게 분한 마음이 들었을 뿐 아니라, 사졸이 태반이나 죽고 장수들 또

---

123) 성신문무(聖神文武) : 성스럽고 신(神)과 같은 존재로서 문무(文武)에 통달한 사람이라는 뜻으로 임금을 존칭해서 부르는 말.

한 많이 목숨을 잃어 근심이 매우 커졌다. 따라서 황제가 친히 전장에 나서지 않으면 적을 물리치기 어렵다고 판단하여 즉시 황제의 친정[124]을 청하는 표를 올렸다. 표를 본 명나라 황제는 매우 놀라 만조백관과 의논하여 병사들을 모아 좋은 날을 가려 전쟁터로 향하며, 정동장군 임충에게 도성을 지키게 했다. 또한 황후에게는 그사이 몸을 보중하라 당부하여 말하기를,

"이제 도적 장백을 물리치지 못하면 천하가 흉흉하여 민심을 진정시킬 수 없습니다. 그러므로 짐이 친정코자 하여 오늘 전장으로 떠나니 황후는 모름지기 옥체를 보중하세요."

하니, 황후는 '장백'이란 말을 듣고 성명이 귀에 익음을 의심하여 말했다.

"신첩[125]이 도적에게 잡힐 때 길에서 동생을 잃고 그 생사를 알 수 없었습니다. 그런데 지금 장백이라 하시는 말씀을 들으니 심히 반갑습니다."

상이 말했다.

---

124) 친정(親征) : 황제가 몸소 적을 침.
125) 신첩(臣妾) : 여자가 임금에게 자기를 낮추던 말.

"천하에 어찌 같은 성명을 가진 자가 없으리오?"

이 말을 들은 황후가 눈물을 흘리며 말하기를,

"장백이 동생인지 아닌지 확실치 않으니 비록 조정의 웃음거리가 될 수 있으나 첩이 한번 전장에 나아가 그 얼굴을 직접 보고자 합니다. 폐하는 허락하소서."

하니, 상은 황후가 슬퍼하는 것을 보고 차마 만류할 수 없어 후군장 위령에게 황후를 모시게 했다. 그리고 스스로 대원수가 되어 철기 백만을 거느리고 행군하여 광릉성에 이르니, 유기가 성안으로 모시고 들어가 땅에 엎드려 아뢰었다.

"적장 장백은 만 명의 장정도 당할 수 없는 용맹이 있어 이길 장수가 없는 까닭에 표를 올려 아뢰었습니다. 그러나 이제 폐하께서 친히 전장에 나오셨으니 어찌 장백을 근심하겠습니까?"

상이 말씀하시기를,

"전쟁에서 이기고 지는 것은 흔히 있는 일이니 어찌 승상의 허물이라 하겠소? 다만 황후가 적장의 이름을 듣고 그의 정체를 확인코자 친히 전장에 행차하였으니, 경은 어떤 세교로 장백을 가까이 유인할 것이오?"

하니, 유기가 잠시 후 말했다.

"한나라 패공[126]과 항우(項羽)가 창검으로 다툴 때, 홍문연127)을 열어 영웅들이 구름처럼 모여들었으니 항우의 칼도 어찌할 도리가 없었습니다. 이제 성안에서 잔치를 열고 장백을 청하면 반드시 염려가 없을 것이니, 그때 얼굴을 보아 황후께서 아는 사람이 아니거든 매복한 군사들이 능히 잡을 수 있을 것입니다. 엎드려 바라옵나니 폐하는 이를 허락하소서."

상은 유기의 계교가 마음에 들어 즉시 격서를 써 장백에게 보내라 했다.

이때 장백은 천관도사의 말 때문에 번뇌가 일어나 유문정을 진중에 가두고 군대를 움직이지 않고 있었다. 그

---

126) 패공(沛公) : 한고조 유방을 부르던 이름으로 그의 고향이 패(沛) 땅인 까닭에 붙여졌음.

127) 홍문연(鴻門宴) : 진(秦)나라 말기 진시황이 죽자 전국은 다시 혼란에 빠졌으며 이때 유방과 항우가 두각을 보이자 초나라 회왕은 이들 중 함양을 먼저 점령한 자를 관중왕으로 삼겠다 약속했음. 여러 이유로 유방이 먼저 함양에 도착하자 항우의 책사 범증은 홍문(鴻門)이라는 곳에서 연회를 열어 유방을 죽이라 간언했으나, 결국 항우는 유방을 초청하고도 죽이지 못함. 홍문연이란 여기서 비롯된 말로, 이후 '상대방을 죽이기 위해 벌이는 연회'를 일컫게 됨. 그런데 이 작품에서는 장안을 빼앗긴 장백이 아닌 장안을 차지한 주원장이 홍문연을 연 것으로 되어 있음.

런데 갑자기 명나라 황제가 친정에 나섰다는 말을 들으니 분기가 치솟았다. 그래서 군사를 움직이고자 했는데, 이때 마침 명나라에서 격서가 도착하였으니 내용은 다음과 같았다.

승상 유기는 글을 써 장 원수께 올립니다. 우리가 남쪽에서 군사를 일으키고 장군께서 서쪽에서 기군하시니 천하의 명장들이 좇고자 했습니다. 무도한 원나라 황제를 내치고 새로 나라를 창업하려 한 것은 피차일반이었으나, 하늘이 먼저 우리 황제를 진천자가 되게 하셨으니 실로 임자가 있음을 알겠습니다. 지금의 황제께서 먼저 장안을 얻으셨으니 그 공이 크며 장군께서는 옥새를 가지셨으니 그 또한 큰 공입니다. 이러므로 황제께서 대의(大義)를 생각하시고 이곳에서 큰 잔치를 열어 모든 장졸의 공을 표하고자 하시니, 장군이 만일 혐의치 않으신다면 한번 와서 즐기심이 어떻습니까?

격서를 모두 읽은 장백이 장수들과 의논하며 말했다.
"명나라 진영에서 잔치를 베풀고 나를 청하니 무슨 흉계가 있을지 모른다. 그러나 내가 만약 가지 않는다면 약함을 보이는 것이니, 내가 어찌 저희를 두려워하겠는가?"

장백은 이정에게 군사를 거느려 뒤를 따르라 하고는 명나라 진영으로 갔다. 명진에 도착하니 유기가 진문을 활짝 열고 장 원수를 맞는데, 양군(兩軍)이 만나자 살기가 충천했다. 명나라 황제는 장백 등을 맞이하며 명나라 장수들과 자리를 동서(東西)로 나누어 앉혔다.

이때 황후가 주렴[128] 사이로 장백을 자세히 보니 몸이 건장하여 어릴 적 모습과는 달랐으나 목소리가 귀에 익은 것이 잃어버린 동생이 분명했다. 황후는 너무 반가워 눈물이 흐르는 것도 깨닫지 못하고 있었는데 홀연 바람이 불더니 황후를 가린 주렴이 걷혔다. 이때 장백은 술잔을 받다가 눈결에 황후를 보고 그 얼굴이 누이와 같아 갑자기 슬퍼져 눈물을 흘렸다. 이 모습을 본 황제가 그 까닭을 묻자 장백이 탄식하며 말했다.

"우리가 서로 적이 되어 천하를 다투고 있으니 사사로운 이야기를 할 바는 아니로되, 소장은 어려서 부모를 잃고 누이를 의지하며 지내던 중 동네 노파의 흉계에 빠져 외가로 가던 길에 도적에게 누이를 잃었습니다. 그러나

---

[128] 주렴(珠簾) : 구슬을 꿰어 만든 발.

소장은 나이가 어려서 누이를 찾지 못하고 망극한 심정으로 집으로 돌아왔으니 그때는 살고 싶은 마음도 없었습니다. 세월이 흘러 지금까지 목숨을 보전하고 있으나 늘 누이를 생각하면 설움이 북받칩니다. 그런데 아까 바람이 불어 주렴 사이로 본 황후의 얼굴이 누이와 방불하니 자연히 비창한 마음이 듭니다."

장백의 말을 들은 상은 대답하지 못하고 있었는데, 이 말을 들은 황후가 좌우를 물리치고 급히 나와 장백의 손을 잡고 큰 소리로 목 놓아 울었다. 그리고 오랫동안 말을 잇지 못하다가 마침내 정신을 차리고 말했다.

"네가 내 동생 장백이냐? 그사이 어떻게 살았느냐? 그때 도적에게 잡혀갈 때 길에서 너를 잃고 어찌할 줄 몰랐더니…."

황후는 소상강 원혼을 면하고 이 승상 부인을 만나 목숨을 부지하던 일을 비롯하여 자신에게 있었던 전후의 사연들을 장백에게 모두 말했다. 황후의 말을 들은 장백은 슬퍼하면서도 놀랍게 살아나 이처럼 다시 만난 것을 신기하게 생각했다. 그리고는 즉시 계단 아래로 내려가 황제께 엎드려 옥새를 올리며 말했다.

"신이 누이가 죽은 줄로 알고 슬퍼하였더니 하늘이 보호하여 목숨을 부지하고 또한 상이 누이의 고단함을 혐의치 않으시고 황후로 삼으셨으니 은혜가 망극합니다. 수삼 년 전쟁을 일으켜 민심을 요란케 하였으니 신의 죄는 만 번 죽어도 아깝지 않은지라. 엎드려 바라옵나니 폐하께서는 군사들을 거두어 환궁하소서."

상은 장백이 머리 숙여 용서를 빌며 옥새를 올리자 매우 기뻐 위로하며 말했다.

"짐이 누대포의129)로 황제가 되었으니, 경의 공이 아니면 어찌 여기에 이르리오?"

상은 즉시 군을 거두어 황후와 함께 장안으로 돌아갔다. 그리고 만조백관을 모아 잔치를 크게 열어 즐기며 모든 장수의 공을 칭찬하며 위로하는 가운데, 장백을 안남130)의 왕으로 봉하고 이정을 제림후로 삼았다. 또한 유기는 초왕으로 봉하고 백운현과 이연횡은 각각 청주 자사와 연평후로 삼았으며, 나머지도 차례로 봉작하고 군졸들에게도 후하게 상을 내리니 기뻐하는 소리가 진동했다.

---

129) 누대포의(累代布衣) : 여러 대 벼슬을 하지 못한 선비라는 뜻으로 한미한 집안의 출신임을 뜻함.

130) 안남(安南) : 중국인이 베트남을 일컫는 이름으로 679년 당나라에서 하노이에 안남도호부(安南都護府)를 설치한 데서 비롯되었음.

안남왕 장백이 황제의 은혜에 감사하며 안남으로 떠나려는데, 왕은 아직 아내를 맞지 못한 상태였다. 이때 이부상서 소주철의 딸이 어질고 착하다는 말을 들은 상과 황후는 소 소저와 안남왕의 혼사를 주관했다. 안남왕은 선풍도골이요, 왕비 또한 정숙하고 아름다운 덕행이 있었으니 두 사람은 차등이 없었다. 이에 상이 칭찬하시고 안남국으로 내려가라 재촉하시니 왕은 결연한 마음으로 하직하고 장안을 떠났다.

고향인 능주에 이르니 왕은 선산에 들러 제사를 지내고 사명산에 들어가 천관도사를 뵙고자 했다. 그러나 천관도사의 집에는 아무도 없어 어찌할 바를 몰라 방황하고 있었는데, 이때 한 목동이 다가와 말하기를,

"그대의 선생은 이 산의 신령이라. 수고로이 찾지 말라."

하고 간데없으니, 안남왕은 신기하게 생각하며 산을 향하여 셀 수 없이 감사의 인사를 하고는 길을 떠났다. 그리고 청주에 이르러서는 상인 왕평과 누이를 그에게 팔았던 노파를 잡아 죄를 캐어물은 뒤 왕평에게는 자살을 명하여 후대 사람들에게 징계로 삼고 노파는 엄형을 가한 뒤 정배했다. 이후 안남왕과 왕비가 안남국에 도착하여 정사를 다스리니 나라는 태평하고 풍년이 들어 백성들이 격양

가131)를 부르는 것이, 마치 요순(堯舜)의 시대를 다시 보는 것 같았다. 이후 왕이 삼자이녀(三子二女)를 두었으니 모습이나 언행이 부모를 닮아 하나하나가 뛰어났다. 왕은 장자를 세자로 봉하고 나머지 아들은 군(君)으로 봉했으며, 두 딸 또한 부마를 얻어 무한한 복록을 누리니 천고에 드문 일이기에 대강 기록하여 세상에 전한다.

---

131) 격양가(擊壤歌) : 중국 요임금 때 늙은 농부가 태평 시절을 즐기며 땅을 치면서 불렀다는 노래.

원문

⟨1a⟩ 원(元)나라 시절(時節)의 능쥐(陵州) 짜히 일위(一位) 직상(宰相)이 이스니 셩(姓)은 댱이오 명(名)은 틍이요 즈(字)은 문경이라. 본듸 한인(漢人) 댱양(張良)의 후녜(後裔)로 공후장상(公侯將相)이 씬츠지 안니ᄒᆞ여 듸듸(代代)로 공명(功名)이 현달(顯達)ᄒᆞ고 틍회(忠孝) 겸전(兼全)ᄒᆞ더니 공(公)의게 이르러ᄂᆞᆫ 벼슬이 좌복야(左僕射)의 거(居)ᄒᆞᄆᆡ 우후로 나라의 틍셩(忠誠)이 지극(至極)ᄒᆞ고 아리로 만인(萬人)의게 덕(德)이 만흐되 년긔(年紀) 오십(五十)의 후ᄉᆞ(後嗣)을 니을 기리 업고 다만 녀직(女子) 이스ᄆᆡ 공(公)의 부뷔(夫婦) ᄆᆡ양 슬허ᄒᆞ더니 댱공이 이러무로 벼슬의 ᄯᅳᆺ이 업고 심식(心思) 불평(不平)ᄒᆞ여 조졍(朝廷)을 하직(下直)ᄒᆞ고 고향(故鄕)의 도라가 농업(農業)으로 셰월(歲月)을 보ᄂᆡ니 셰상(世上)의 분별(分別)이 업셔스ᄆᆡ 광음(光陰)이 가은 줄을 이져스되 평싱(平生) 셜워ᄒᆞ은 바ᄂᆞᆫ 무자(無子)ᄒᆞ미라. 공(公)이 부인(夫人)으로 더브러 슐을 나와 셔로 권ᄒᆞ며 왈,

"우리 부뷔(夫婦) 무졍(無情)ᄒᆞᆫ 셰월(歲月)이 유슈(流水) 갓ᄒᆞ여 나이 만흐니 후ᄉᆞ(後嗣) 엇기은 바라도 못ᄒᆞ려이와 녀ᄋᆞ(女兒)의 년광(年光)이 장셩(長成)ᄒᆞᄂᆡ 슈이 ᄉᆞ회나 보와스면 엇지 즐겁지 아니ᄒᆞ오며 가산(家産)이 부요(富饒)ᄒᆞ니 직물(財物)을 훗터 명산듸찰(名山大刹)

의 정셩(精誠)이나 드려 보면 혹 셩(姓)이나 젼헐 주식(子息)이 이슬가 〈1b〉 ᄒᆞᄂᆞ이라."

부인(夫人)이 츄연탄왈(惆然歎曰),

"상공(相公)의 덕틱(德澤)이 남의셔 유명(有名)ᄒᆞ되 봉ᄉᆞ(奉祀)헐 ᄌᆞ손(子孫)을 두지 못ᄒᆞ여스니 이ᄂᆞᆫ 쳡(妾)의 무덕(無德)ᄒᆞ므로 이러ᄒᆞ오니 모로미 상공은 어진 쳡이나 갈희여 ᄌᆞ손을 볼진ᄃᆡ 엇지 만힝(萬幸)이 아니리잇고?"

공(公)이 위로왈(慰勞曰),

"부인는 망영(妄靈)된 말삼을 ᄒᆞ여 심난(心亂)헌 회포(懷抱)을 ᄌᆞ취(自取)치 마르소셔."

ᄒᆞ고 두루 졍셩(精誠) 드리믈 공부ᄒᆞ더니 일일(一日)은 상공이 심회(心懷)을 졍치 못ᄒᆞ여 혹 경쳐(景處)을 취ᄒᆞ여 산쳔(山川)의 경기(景槪) 졀승(絶勝)ᄒᆞᆫ 곳를 차ᄌᆞ 노더니 몸이 곤뇌(困惱)ᄒᆞ여 ᄒᆞᆫ 바회 우의 안ᄌᆞ 시동(侍童)으로 ᄒᆞ야금 쥬과(酒果)을 가져오라 ᄒᆞ여 ᄒᆞᆫ가히 안ᄌᆞ더니 홀련 일위(一位) 노승(老僧)이 늌한장(六環杖)을 집고 나아와 졀ᄒᆞ고 왈,

"소승(小僧)은 텬튝국(天竺國) 금강사 화쥬(化主)옵더니 부쳐을 위ᄒᆞ여 두루 시쥬(施主)ᄒᆞ라 ᄃᆞ니옵더니 만일 상공이 허슈이 아니 보실진ᄃᆡ 젹션(積善)ᄒᆞ시믈 바라ᄂᆞ

이다."

 공이 그 즁을 주시 보니 션풍도골(仙風道骨)의 긔위(氣位)[132] 웅장(雄壯)ᄒ고 쳥슈(淸秀)ᄒᆞᆫ 긔질(器質)이 범승(凡僧)과 다른지라 황망(慌忙)이 답녜(答禮)ᄒ고 왈,

 "존승(尊僧)이 부쳐을 위하여 불원쳘니(不遠千里)하고 나을 ᄎᆞ자와스니 엇지 감격지 아니ᄒ리오? 나는 죄악(罪惡)이 심즁(深重)ᄒ여 후ᄉ(後嗣)을 ᄭᅳᆫ케 되기로 나 죽은 후이 쟝〈2a〉ᄎᆞ 훗길이나 닷그려 ᄒᆞ미 평싱 시쥬ᄒ기을 즐겨ᄒ더니 이제 존ᄉ(尊師)의 말을 드르니 엇지 참회치 아니ᄒ리오?"

 ᄒ고 권션(勸善)을 니라 ᄒ여 황금(黃金) 일ᄇᆡᆨ냥(一百兩)을 젹고 왈,

 "이거시 젹그나 나는 정성을 발원(發願)ᄒ미니 존ᄉ(尊師)은 불상이 여긔소셔."

 하고 ᄒᆞᆫ가지로 집의 도라와 금(金)을 니여 쥬니 그 즁이 ᄇᆡᆨᄇᆡᄉᆞ례(百拜謝禮)ᄒ고 왈,

 "상공의 은덕(恩德)으로 퇴락(頹落)ᄒᆞ온 졀을 즁슈(重修)ᄒ여 부쳐의 풍우(風雨)을 면ᄒᆞ기스오니 엇지 공덕

---

132) 긔위(氣位) : 태도와 기품.

(功德)이 지극지 아니ᄒ오며 만일 셰존(世尊)이 감동ᄒ시면 귀ᄌ(貴子)을 졈지ᄒ시리니 상공은 과렴(過念)치 마르소셔."

ᄒ고 인(因)ᄒ여 ᄒ직(下直)하고 가니 그 간 바을 모ᄅ너라. 공이 신긔히 넉여 부인으로 더브러 슈말을 이르며 심회(心懷)을 졍치 못ᄒ더니 일일(一日)은 부인이 밤이 깁도록 잠을 이로지 못ᄒ더니 문득 ᄒᆫ 노승(老僧)이 부인긔 구슬을 드려 왈,

"이ᄂᆞᆫ 쳔상(天上) 튜셩(樞星)이라. 상졔(上帝)게 득죄(得罪)ᄒ여 인간의 ᄂᆡ치시민 금강ᄉᆞ 부톄 지시(指示)ᄒ시미오니 부인은 귀히 길너 후ᄉᆞ(後嗣)을 이으소셔."

ᄒ거늘 부인이 그 구슬을 바다 ᄌᆞ시 보니 셔긔(瑞氣)와 광ᄎᆡ(光彩) 눈의 바이고 구슬리 아니여늘 부인이 놀ᄂᆞ ᄭᆡ다르니 침상일몽(寢牀一夢)이라. 마음이 신긔히 넉여 상공게 몽ᄉᆞ(夢事)을 고ᄒ니 공이 가장 희한(稀罕)이 넉여 〈2b〉 왈,

"나도 ᄯᅩᄒᆫ 거야(去夜) 몽ᄉᆡ(夢事) 부인과 갓ᄒ니 이ᄂᆞᆫ 반ᄃᆞ시 심상(尋常)치 아닌 일이로다."

ᄒ고 즐겨ᄒ더니 과연 그ᄃᆞᆯ부터 닝튀(孕胎)ᄒ여 십삭(十朔)이 되미 일일(一日)은 향ᄂᆡ 진동(振動)ᄒ며 일기(一介) 옥동(玉童)을 싱ᄒ니 엇지 즐겁지 아니ᄒ리오. 공

의 부뷔 만심환희(滿心歡喜)하여 일홈을 빅이라 ᄒ고 ᄌ(字)을 운뷔라 하ᄃ.

셰월리 여류(如流)ᄒ여 빅의 나희 칠 셰 되민 늠늠ᄒ 풍치(風采)은 선풍도골(仙風道骨)이오 표표(表表)ᄒ 거동(擧動)은 텬지(天地)을 기우리니 니른바 만고영걸(萬古英傑)이라. 공의 부뷔 장즁보옥(掌中寶玉)갓치 과도이 ᄉ랑ᄒ며 그를 가로치민 ᄒ나흘 드르면 빅을 통(通)ᄒ니 공이 말연(末年)의 이러ᄒ 긔ᄌ(奇子)을 어드민 즐거오믈 이기지 못하여 부인을 디ᄒ여 왈,

"이졔 져런 긔ᄌ(奇子)를 어더시니 츄호(秋毫)도 흔(恨)헐 바은 업스되 다만 우리 부뷔 여연(餘年)이 불원(不遠)ᄒ여 져의 남미의 ᄌ미을 보지 못헐 듯ᄒ니 일노 근심이로소이다."

부인이 답왈(答曰),

"상공의 어지신 덕으로 쳡이 막디ᄒ 죄을 면ᄒ오니 이졔 쥭으나 무한(無恨)이로소이다."

ᄒ더라. 공이 그 히 가을의 홀연 득병(得病)하여 점점 침즁(沈重)ᄒ민 스스로 니지 못홀 쥴 알고 빅의 손잡고 부인을 도라보ᄋ 왈,

"나의 병이 가비압지 아닌지라 황천길을 면치 못하리니 〈3a〉 부인은 빅을 잘 길너 몸을 보즁(保重)ᄒ고 녀ᄋ

의 혼스(婚事)를 슈이 ᄒᆞ여 영화(榮華)을 보실진딕 도라가는 혼빅(魂魄)이라도 하례(賀禮) ᄒᆞ려이와 다만 슬허 ᄒᆞ는 바는 져의 봉황(鳳凰)의 쌍유(雙遊)ᄒᆞ믈 보지 못ᄒᆞ니 엇지 슬푸지 아니하리오?"

ᄒᆞ며 쏘 녀ᄋᆞ를 어로만져 왈,

"너는 나 죽은 후라도 과도히 슬허 말고 동싱을 보호ᄒᆞ며 모친을 위로ᄒᆞ여 가ᄉᆞ(家事)을 다스리되 남의 말을 경홀(輕忽)이 듯지 말나."

ᄒᆞ고 신의(新衣)를 가라닙고 상(床)의 누으며 졸(卒)ᄒᆞ니 시년(時年)이 뉵십세(六十歲)라. 일개(一家) 망극(罔極)ᄒᆞ여 부인과 소졔(小姐) ᄌᆞ로 혼졀(昏絕)하여 인사(人事)을 모르는지라. 빅이 우름을 긋치고 모친을 위로ᄒᆞ며 주미을 보호하여 초상(初喪) 범졀(凡節)을 극진이 ᄒᆞ니 그 예졀의 지극ᄒᆞ미 어룬이라도 밋지 못ᄒᆞᆯ너라. 길일(吉日)을 퇵ᄒᆞ여 션산(先山)의 안장(安葬)하고 삼 년을 당ᄒᆞ여 종상(終喪)을 지닐시 모부인(母夫人)니 망극ᄒᆞ믈 마지 아니ᄒᆞ더니 빅의 손을 잡고 왈,

"닉 너의 남미 셩취(成娶)ᄒᆞ믈 보지 못ᄒᆞ니 ᄒᆞᆫ(恨)니 가슴의 밋치나 너의 부친의 뒤흘 좃치리로다."

하고 명(命)이 진(盡)ᄒᆞ니 빅의 남미 호텬통곡(呼天痛哭)[133] ᄒᆞ믈 마지 아니ᄒᆞ고 상구(喪具)을 쏘 극진이 ᄒᆞ여

션산(先山)의 합장(合葬)하고 조셕졔젼(朝夕祭奠)을 엄졀(嚴切)이 ㅎ니 가산(家産)이 졈졈 탕픽(蕩敗)ㅎ여 노복(奴僕) 〈3b〉 들도 ᄌ연 훗터지고 뷘 집이 되여시이 빅의 남미 셔로 의지ㅎ여 쥬야(晝夜) 이통(哀痛)ㅎ니 그 경상(景狀)은 참ᄋ 보지 못흘너라. 잇써 댱빅의 나흔 십세 되고 소져의 나흔 십칠세라. 소졔 비록 육연(六年) 초토(草土)의 몸을 바리고 이을 셕여시나 화용월틱(花容月態) 동방(東方)의 명월(明月) 갓고 옥빈홍안(玉鬢紅顔)이 조양(朝陽)의 모란(牡丹) 갓흐니 인이(人里) ᄉ름이 흠앙(欽仰) 아니하 리 업더라.

츠셜(且說). 잇써 양쥬 ᄯ히 ᄉ는 왕평이라 ㅎ은 ᄉ름이 이시니 본듸 호협(豪俠)ㅎ고 남경(南京) 큰 상괴(商賈)라. 무ᄎᆷ 능쥬 지경(地境)이 와 물화(物貨)을 환미(換買)ㅎ더니 댱 소져의 싴용(色容)이 유명ㅎ믈 듯고 직취(再娶)을 구흘시 ᄉ름을 어더 혼인(婚姻)니 되게 ㅎ면 쳔금(千金)으로 승ᄉ(償賜)ㅎ리라 ㅎ니 댱 소졔 동니(洞里)의 흔 노괴(老姑) 이셔 이 말을 듯고 왕평을 츠ᄌ보며 왈,

"그 소져의 인물이 졀싴(絕色)ㅎ믄 니로도 말고 본듸

---

133) 호천통곡(呼天痛哭) : 하늘을 우러러 큰소리로 슬피 움.

일국(一國) 튱신(忠臣)의 녀ᄋ라. 필경(畢竟) 도모(圖謀)치 못ᄒ리이 닉게 혼 계괴(計巧) 이시니 여ᄎ여ᄎᄒ면 반ᄃ시 취ᄒ리니 이ᄂ 제갈공명(諸葛孔明)이 조조(曹操) 잡든 계괴라. 그ᄃᆡ 쯧이 엇더ᄒ요?"

왕평이 대희(大喜)ᄒ여 즉시 쳔금(千金)을 쥬고 힝혀 실슈헐가 당부하더라. 노괴 집의 도라와 밤을 지닉고 닛흔날 댱부(張府)의 가 소져을 보고 불상이 넉이여 위로 왈(慰勞日),

"낭낭(娘娘)이 이제 젼과 갓지 아니ᄒ여 우흐로 부모 아니 계시고 아릭로 노복(老僕)이 지 〈4a〉 팅치 못ᄒ여 드만 소공ᄌ(小公子) 동싱ᄲᅮᆫ이라 적막(寂寞)ᄒᄆᆡ 비헐 ᄃᆡ 업스니 노고의 마음이도 심이 척연(惕然)ᄒ온지라. 낭낭은 모르미 거야촌 외가(外家)의 가 의지ᄒ여시면 적막ᄒ오믈 면ᄒ올 ᄲᅮᆫ 아녜 닉두(來頭)의 영귀(榮貴)ᄒᄆᆞᆯ 만나리니 엇지 깃부지 아니ᄒ오리잇가?"

소졔(小姐) 쳥파(聽罷)의 올히 녀기어 공ᄌ와 혼가지로 가기을 당부ᄒ니 노괴 응낙(應諾)ᄒ고 집의 도라와 쉬고 날리 식미 당부의 니르니 소졔 발셔 교ᄌ(轎子)을 쥰비ᄒ여더라. 노괴 공ᄌ와 소졔을 거ᄂ리고 거야촌으로 향홀시 혼 슈음(樹陰) 속으로 드러가더니 문득 건장(健壯)헌 도젹 십여인(十餘人)니 닉ᄃᆞ라 소져을 잡아 말게 싯고 풍우(風雨)갓치 모라가니 댱빅이 으모란 쥴 모르고 흐늘을 부르지지며 통곡ᄒᆞ다가 홀 길 업셔 도로 집으로 츠ᄌᆞ오되 그 노괴은 어듸로 간 곳을 아지 못ᄒᆞ너라.

츠셜(且說). 댱 소졔 도젹의게 잡히여 가니 혼비빅산(魂飛魄散)ᄒᆞ여 졍신을 참힐 길리 업고 동싱 댱빅을 부르지지며 분하고 셜우믈 견듸지 못ᄒᆞ여 찰ᄒᆞ리 몸을 맛쳐 셰상을 모로고져 ᄒᆞ나 동싱의 ᄉᆞ싱(死生)을 아지 못ᄒᆞ니 요힝(僥倖) 화망(禍網)을 버셔날진듸 우리 남미 면목(面目)을 드시 만나볼가 ᄒᆞ여 이쳐로 혜으리〈4b〉며 눈물만 흘니고 달여가더니 날이 님의 져무러는 흔 쥬졈(酒店)을 치우고 쉴ᄉᆡ 왕평이 ᄌᆞ로 소져를 위로ᄒᆞ더니 밤이 님의 깁허스믹 조용히 드러와 둘닉여 왈,

"우리 이러ᄒᆞᆷ믄 ᄒᆞ날이 졍ᄒᆞ신 연분(緣分)이라 엇지 헐 슈 업스리니 흔가지로 취침(就寢)ᄒᆞ믈 청ᄒᆞ노라."

소졔 쳥파(聽罷)의 분긔(憤氣) 딕발(大發)ᄒᆞ여 손의 촌인(寸刃)니 니시면 바로 그놈을 질너 죽이고져 ᄒᆞ되 속슈무칙(束手無策)이라. 헐 슈 업시 외면하며 박힌 다시 안즈다가 일계(一計)을 싱각하고 흠션딕왈(欽羨對曰),[134]

"닉 발셔 그듸의게 잡힌 빅 되여 면치 못헐 연분(緣分)이 되려이와 뉵녜(六禮)를 갓초기 젼은 싱심(生心)도 몸

을 허치 못ᄒᆞ리니 그듸은 아모 념녀 말고 무ᄉᆞ이 집의 도라가믈 바라노라."

왕평이 이 말을 듯고 대희(大喜)ᄒᆞ여 밧게 나와 슐을 ᄉᆞ 먹그며 ᄌᆞ더라. 소졔 그놈을 보닉고 고요한 ᄯᅧ를 타 도망ᄒᆞ더니 슈리(數里)을 못 가셔 대강(大江)이 잇거늘 하늘을 부르며 망극ᄒᆞ믈 이긔지 못ᄒᆞ여 닉슈(溺水) 참ᄉᆞ(慘死)코ᄌᆞ ᄒᆞ여 나상(羅裳)을 뷔여잡고 물속의 ᄶᅱ여들시 난듸업는 일녑(一葉) 소션(小船)이 녀동(女童)이 안ᄌᆞ 비의 오르믈 직쵹ᄒᆞ거늘 댱 소졔 가장 고이히 넉여 오르며 문왈(問曰),

"녀동(女童)은 어듸 계시관듸 죽을 ᄉᆞ〈5a〉람를 구완 ᄒᆞ시니 은혜 망극ᄒᆞ도소이라."

녀동 왈,

"소녀(小女)은 황능묘(黃陵廟) 시녀(侍女)옵드니 아황(娥皇) 녀영(女英)의 명(命)을 밧ᄌᆞ와 용왕(龍王)의 표쥬(瓢舟)을 어더 낭ᄌᆞ의 급ᄒᆞ믈 구하라 ᄒᆞ시니 엇지 소녀의 은혜라 ᄒᆞ리잇고?"

소졔 경아왈(驚訝曰),

---

134) 흠선대왈(欽羨對曰) : 우러러 공경하며 말함.

"아황 녀영은 요녀슌쳐(堯女舜妻)시여늘 엇지 나을 구ᄒᆞ시ᄂᆞᆫ고?"

ᄒᆞ며 가더니 슌식간(瞬息間)의 딕강을 건너 비의 나리라 ᄒᆞ고 간ᄃᆡ업ᄂᆞᆫ지라. 소졔 신긔히 넉여 공즁(空中)을 향ᄒᆞ어 ᄉᆞ빈(謝拜)ᄒᆞ고 길을 ᄎᆞᄌᆞ가더니 으모 곳인 줄 모로되 뷘 젼각(殿閣)이 잇거늘 ᄎᆞᄌᆞ 드러가니 ᄉᆞ람은 ᄒᆞ나토 업고 왼 집이 공허(空虛)ᄒᆞ여스나 몸이 심히 곤뇌(困惱)ᄒᆞ여 즘간 쉬더니 문득 션녀(仙女) 이르러 왈,

"우리 낭낭이 소졔를 뫼셔 오라 ᄒᆞ시더이라."

ᄒᆞ고 ᄒᆞᆫ가지로 ᄒᆞᆫ 당(堂)의 올나가니 두 부인이 시녀을 거ᄂᆞ리고 단정이 안ᄌᆞᆮ가 이러안지며 좌(座)을 정하고 공경문왈(恭敬問曰),

"낭ᄌᆞ 일시(一時) 곤욕(困辱)을 당ᄒᆞᄆᆡ 일신(一身)의 쳔금지보(千金之寶)을 도라보지 아니시고 슈즁원혼(水中冤魂)이 되려 ᄒᆞ기로 낭ᄌᆞ을 구ᄒᆞ여거니와 낭ᄌᆞ은 본ᄃᆡ 월궁항으(月宮姮娥)라. 광한뎐(廣寒殿) 결연시(訣宴時)의 심셩(心星)과 눈 쥬어 본 죄로 상데(上帝) 노(怒)ᄒᆞᄉᆞ 인간의 젼송(傳送)하시니 심셩은 곳 대명(大明) 틱조(太祖) 되게 〈5b〉 ᄒᆞ고 낭ᄌᆞ는 황후(皇后) 되게 히ᄉᆞ 조흔 시졀을 당ᄒᆞ면 텬하강산(天下江山)이 그ᄃᆡ 슈족(手足) ᄀᆞᆺᄒᆞ여 무강(無疆)한 복녹(福祿)을 누릴지니 엇지 익회

(厄會) 이시믈 혐의(嫌疑)ᄒᆞ리잇고?"

ᄒᆞ며 시녀로 ᄒᆞ여금 ᄎᆞ을 드려 권ᄒᆞ거늘 소졔 불승황공(不勝惶恐)ᄒᆞ여 그 부인을 ᄌᆞ시 보니 몸의 운무의(雲霧衣)을 닙고 머리의 용봉관(龍鳳冠)을 쓰고 허리의 명월픽(明月牌)을 ᄎᆞ고 손의 빅옥홀(白玉笏) 잡아시며 좌우(左右)의 무슈(無數)ᄒᆞᆫ 부인니 차려로 좌을 졍ᄒᆞ여시니 쇄락(灑落)ᄒᆞᆫ 거동(擧動)이 범닌(凡人)과 드르더라. 공경지비왈(恭敬再拜曰),

"나는 본딕 능쥬 ᄯᅡ히 ᄉᆞ옵더니 팔ᄌᆞ(八字) 긔구(崎嶇)ᄒᆞ여 일즉 부모을 녀의오미 다만 남미 ᄉᆞ옵더니 동니(洞里)이 ᄉᆞ는 노괴의 음흉ᄒᆞᆫ 희을 닙어 즁노(中路)의 도적의게 잡히어가미 어린 ᄋᆞ오의 ᄉᆞ싱을 아지 못ᄒᆞ나 잔약(孱弱)ᄒᆞᆫ 몸이 화망(禍網)을 버슬 길이 업셔 그놈을 속기고 도망ᄒᆞ여 몸을 강슈(江水)의 더지면 혼백(魂魄)이라도 올흔 곳의 셧기리라 ᄒᆞ여더니 낭낭의 구호ᄒᆞ시믈 힘닙어 잇쳐로 관딕(寬大)ᄒᆞ시믈 어드니 은혜 망극ᄒᆞ오나 아지 못게라. 두 부인는 어딕 계시리이잇가?"

답왈(答曰),

"우리 두 ᄉᆞ람은 아황 녀영이요, 져 모든 부인는 졀힝(節行)이 이시므로 비향(配享)ᄒᆞᆫ 부인이니 낭ᄌᆡ 엇지 몰라 〈6a〉 보시ᄂᆞ뇨? 낭ᄌᆡ 이졔 소상강(瀟湘江)을 무스이 건너 니곳의 와시니 날이 발으면 반다시 구홀 사룸이 이시리니 낭낭은 헛도이 듯지 마르소셔."

 소졔 다시 니 말을 뭇고져 ᄒ다가 홀련 두견의 소릭의 놀나 씨니 한 꿈이라. 소졔 졍신을 찰혀 두루 주시 보니 임의 붉어ᄂᆞᆫ듸 벽상(壁上)의 화상(畫像)이 걸여시니 몽즁(夢中)의 뵈든 형상(形象)이라. 추례로 분향ᄌᆡ비(焚香再拜)ᄒ고 그 덕을 일ᄏᆞᄅᆞ며 두루 구경ᄒ더라.

 추시(此時) 호셔(湖西)의 사ᄂᆞᆫ 한 부인이 이시니 승상(丞相) 이공(李公)의 부인이라. 가군(家君)을 일즉 여히고 슬하(膝下)의 남녀간 ᄌᆞ식이 업셔 약간 노비(奴婢)을 거느리고 세월을 보늬더니 추야(此夜)의 일몽(一夢)을 어드니 한 션녜(仙女) 닐너 왈,

 "황능묘(黃陵廟)의 월궁션이(月宮仙娥) 써러져시니 거두어 슬하(膝下)이 두면 일정 조흔 시졀을 만나리라."

 ᄒ거늘, 놀나 씨여 급히 시비(侍婢)을 다리고 니비(二妃) 묘(廟)의 드러가니 화상(畫像)만 녀젼(如前)이 걸녀 잇고 아모 일도 업ᄂᆞᆫ지라. ᄆᆞ음의 괴이히 너여 두루 빈회(徘徊)ᄒ더니 한 탁ᄌᆞ 아릭로조추 일위(一位) 소졔 마조 나오거날 부인이 일변(一邊) 놀나며 일변(一邊) 깃거ᄒ여 집슈문왈(執手問曰),

 "그듸ᄂᆞᆫ 뉘 집 녀ᄌᆡ완듸 니곳의 이르러ᄂᆞ뇨? 헤아리

건디 졍쳐(定處) 업시 단니는가 시부니 날과 혼가지로 집의 잇셔 쩍을 기다리미 엇더하뇨?"

 소졔 잇쩍이 〈6b〉 향홀 바을 으지 못하여 황황망조(遑遑罔措)135)하더니 다힝이 그 부인을 만느 간쳥(懇請)하는 말을 드르미 깃거 답왈(答曰),

 "나는 능쥬 댱 승상의 녀ᄌ라. 명되(命途) 긔구(崎嶇)하여 텬지(天地)을 니별하고 칠 셰 된 올이비와 서로 의지하여 스옵드니 남의 간계(奸計)의 빗져 도적의게 잡히여 가따가 계오 화(禍)을 버셔느스나 신녕(神靈)의 도우시믈 닙어 소상강 영혼을 면하고 이곳의 은신(隱身)하여더니 이제 부인니 슬하(膝下)의 두시고져 하시니 그 감은(感恩)하오믈 엇지하리잇가?"

 부인니 깃거 교ᄌ(轎子)을 혼가지로 타고 니부(李府)의 도라와 셰월을 보니니 댱 소졔 일신(一身)은 안흔(安閑)하나 댱빅을 싱각하고 눈물만 흘니더라.

 각셜(却說). 왕평이 슐이 취하여 ᄌ더니 계셩(鷄聲)이 난만(爛漫)홀 쩍의 소졔를 보러 드러가니 종젹(蹤迹)이

---

135) 황황망조(遑遑罔措) : 마음이 급하여 어찌할 줄을 모르고 허둥지둥하는 모습.

묘연(杳然)ᄒᆞ지라. 두루 ᄎᆞᄌᆞ되 간 곳지 업스니 펑이 놀ᄂᆡ 탄식왈(歎息曰),

"늬 일즉 댱 소졔의 슌종(順從)하믈 밋어더니 필경(畢竟) 소상강의 ᄲᅡ져 죽도ᄃᆞ."

ᄒᆞ고 못ᄂᆡ 불상이 넉이고 헛도이 남경(南京)으로 가니라.

ᄎᆞ셜(且說). 댱빅이 ᄌᆞ미을 드리고 외가로 가다가 즁노의셔 도젹을 만나 ᄌᆞ미을 닐코 홀노 집을 ᄎᆞᄌᆞ오니 누를 의지ᄒᆞ리오. 쥬야로 통곡ᄒᆞ더니 ᄒᆞᆫ 스름이 이르되,

"댱 소졔 도젹의게 잡히여 가더니 소상강 물의 ᄲᅡ져 죽엇다 ᄒᆞ니 심이 춤혹(慘酷) 〈7a〉 ᄒᆞ다."

ᄒᆞ거날 댱빅이 이 말을 듯고 더욱 익통(哀痛)ᄒᆞ여 왈,

"우리 남ᄆᆡ 부모를 여희고 셔로 의지ᄒᆞ여 요힝(僥倖) 도으미 이실진ᄃᆡ 영화(榮華)로이 죵ᄉᆞ(從祀)을 밧들고져 ᄒᆞ엿더니 갈수록 팔ᄌᆞ(八字)의 긔구(崎嶇)ᄒᆞ믈 면치 못ᄒᆞ여 ᄌᆞ미 ᄯᅩᄒᆞᆫ 슈즁원혼이 되여시니 닉 홀노 구챠이 스라 무엇셰 쓰리요? 나도 마ᄌᆞ 죽으미 종ᄉᆞ의 대죄(大罪)을 면치 못ᄒᆞ나 그러나 ᄉᆞ라 욕(辱)되미 죽ᄂᆞᆫ이만 갓지 못ᄒᆞ다."

ᄒᆞ고 깁흔 산즁으로 드러가 놉흔 남게 올나 ᄯᅥ러져 죽으려 하고 졈졈 드러가더니 큰 버드남기 잇거늘 그 남

게 올나가 일성통곡(一聲慟哭)의 손을 노코 쩌러지니 그 놉기 슈십 장(數十丈)이나 되는지라. 그 아릭 훈 초동(樵童)이 나무를 븨다가 빅의 나려지믈 보고 두 손으로 밧드러 살녀닉니 빅이 그 ㅇ희을 뮈여 보며 왈,

"닉 셜워 죽으려 ᄒ거날 엇지ᄒ야 못죽게 ᄒᄂ뇨?"

목동(牧童)이 미소왈(微笑曰),

"어제 우리 ᄉ부(師傅)의 명(命)을 듯잡고 명일(明日) 진시(辰時)의 명국(明國) 딕원슈(大元帥) 댱빅이 남게 쩌러져 죽으려 ᄒᄂ니 네가 구ᄒ라 ᄒ시기의 왓거니와 엇지 만금지보(萬金之寶)을 무단(無斷)이 브리리잇가?"

하고 간딕업거날 빅이 고이히 녀겨 다른 곳으로 츠ᄌ가니 쥬란화각(朱欄畫閣)이 반공(半空)의 걸녀 잇고 향운(香雲)이 둘너는딕 빅화(百花)는 만발(滿發)훈 가온딕 거문고 소릭 은은니 들니 〈7b〉 거늘 빅이 잠간 죽을 마음이 스라지고 션경(仙境)을 구경코ᄌ ᄒ여 그곳이 올나가니 훈 빅발(白髮) 노옹(老翁)이 슬상(膝上)의 거문고를 빗기 안고 단정이 안져 쳥산유슈곡(靑山流水曲)을 타

---

136) 초동(樵童) : 땔나무를 하는 아이.

137) 주란화각(朱欄畫閣) : 단청을 곱게 하여 아름답게 꾸민 누각.

며 흑을 츔추이거늘 댱빅이 나아가 ᄌᆡ비왈(再拜曰),

"소ᄌᆞ(小子)은 인간(人間) 쳔인(賤人)으로 외람(猥濫)이 션경(仙境)을 범(犯)ᄒᆞ와스오니 죄을 용셔ᄒᆞ소셔."

노인이 댱빅을 ᄌᆞ시 보더니 문득 잠소왈(潛笑曰),[138]

"네 앗가 남게 ᄯᅥ러져 죽으려 ᄒᆞ든 튜셩(樞星)이로다. 늬 거문고 곡조(曲調)를 보니 지존(至尊)ᄒᆞᆫ 스름을 만나리라 ᄒᆞ여더니 언미필(言未畢)의 그듸을 만낫도다. 늬 이 산의 머문 지 오릭되 슬하이 혈식(血息)이 업는 고로 쥬야 슬허ᄒᆞ더니 이졔 너를 만나보니 이ᄂᆞᆫ 반다시 ᄒᆞᄂᆞ리 지시ᄒᆞ시미로다."

빅이 공경ᄌᆡ비왈(恭敬再拜曰),

"소ᄌᆞ의 팔ᄌᆡ 험악ᄒᆞ와 혈혈무의(孑孑無依)ᄒᆞ기로 셰상을 ᄇᆞ리고져 ᄒᆞ여 ᄉᆞ지(死地)을 ᄎᆞᄌᆞ 단니옵더니 우연이 딕인(大人)을 만나 이휼(愛恤)ᄒᆞ시믈 엇ᄉᆞ오니 은혜 망극ᄒᆞ도소이다."

노인이 소왈(笑曰),

"나은 텬관도ᄉᆞ뇨 이 산 일홈은 사명산이라. 약간 텬문(天文)을 알기로 너을 만날 쥴 짐작ᄒᆞ여거니와 이졔

---

138) 잠소왈(潛笑曰) : 가만히 웃으며 말함.

날과 흔가지로 이시면 주연이 직조을 비호리니 오릭지 아니흐여 일홈이 수히(四海)의 진동(震動)헐지라. 엇지 즐겁지 아니흐리오?"

흐고 부인을 쳥흐여 셔로 〈8a〉 보게 흐고 부주지의(父子之義)를 믹저 직조을 가로치니 추시 당빅의 나히 십칠 셰라. 본딕 총명영오(聰明穎悟)흐여 흔나흘 가로치미 빅을 통(通)흐는지라. 도시 긔특히 넉여 칭찬왈(稱讚曰),

"네 닉집의 잇셴 지 발셰 삼 년이 갓가온지라. 이졔 건장흔 어룬이 되고 문뮈(文武) 겸젼(兼全)헌 가온딕 웅지대략(雄才大略)과 검슐(劍術)이 신긔흐미 긔탄(忌憚)헐 일이 업게 되여시니 엇지 즐겁지 아니흐리오? 이졔 즁원(中原)이 요란(擾亂)흐여 원(元) 황졔(皇帝) 운쉬(運數) 진(盡)흐고 대명(大明)이 즁흥(中興)훌 쎠라. 네 쎠을 만나시니 셰상이 나가 황졔될 스람을 추주 츙셩(忠誠)을 다흐여 공업(功業)를 셰워 일홈이 긔린각(麒麟閣)의 오르리니 엇지 오릭 산즁의 뭇쳐 운슈(運數)을 찻지 아니흐리오?"

흐고 셰 권 칙(冊)을 닉여쥬거늘 당싱이 마지 못흐여 직비흐즉왈(再拜下直曰),

"대인의 틱산(泰山) 갓흔 은덕(恩德)으로 비혼 일이 만삽고 가르치시미 이갓스오니 망극흐온 대은(大恩)을 엇지 갑스오리닛가? 그러나 존문(尊門)을 써나오미 심회(心懷) 창연(悵然)ᄒᆞ믈 억졔치 못ᄒᆞ리로소이다."

ᄒᆞ고 도사 부부게 ᄒᆞ직(下直)ᄒᆞ고 산의 나려 즁원(中原)으로 향헐시 날이 져물거늘 쥬졈(酒店)의 드러 쉬더니 문득 흔 ᄉᆞ람이 드러오거늘 싱(生)이 자시 보이 신장(身長)이 구쳑(九尺)이오 소리 웅장ᄒᆞ여 예ᄉᆞ 사람 갓지 아니더라. 싱이 마즉 좌졍후(坐定後) 기인(其人) 〈8b〉 왈,

"싱(生)이 셩명(姓名)은 니졍이오 쳥쥬 ᄯᅡ히 ᄉᆞ옵드니 맛참 이곳의 와 장군의 만부부당지용(萬夫不當之勇)이 이시믈 짐작ᄒᆞ고 ᄒᆞᆫ가지로 좃ᄎᆞ 셩공(成功)ᄒᆞ오믈 원ᄒᆞ옵ᄂᆞ니 장군은 뜻의 엇더ᄒᆞ시니잇고?"

싱이 기인(其人)의 장군(將軍)이란 말을 듯고 고이히 넉여 답왈(答曰),

"싱은 능쥬인 댱빅이라. 본디 혈혈단신(孑孑單身)으로 졍쳐(定處) 업시 단이거늘 그딕 싱다려 장군이라 칭ᄒᆞ니 엇진 말삼이니잇고?"

니졍이 대희왈(大喜曰),

"싱이 약간 팔괘(八卦)을 ᄋᆞ옵더니 금일(今日)이 한 괘를 어드미 딕원슈(大元帥) 아모을 만나라리 ᄒᆞ여기로 ᄌᆞ시 알거니와 이졔 텬히 요란ᄒᆞ여 빅셩이 도탄(塗炭)의 드러시니 싱이 비록 직죄 용열(庸劣)ᄒᆞ나 장군의 일비지

녁(一臂之力)139)을 돕고ᄌ ᄒ나니 놉흐신 소견(所見)이 엇더ᄒ시니잇고?"

싱이 이 말 듯고 심히 대히(大喜)ᄒ여 ᄎ야(此夜)을 ᄒ가지로 지닐ᄉ 니졍 왈,

"싱이 두루 단일 졔 양쥬 장역촌의 들미 인기(人家) 삼ᄇᆨ여 회(三百餘戶)라. 밤을 당ᄒ면 집집이 음식을 만이 츨려 노코 피(避)ᄒ여 산의 올나 그 밤을 지닌 후 드시 집으로 ᄎᄌ 드러오거늘 고이히 넉여 그 연고(緣故)을 무르니 촌인(村人) 왈, '우리 촌즁(村中)의 난듸업ᄂ 변괴(變故) 잇셔 쳔병만미(千兵萬馬) 드러와 먹글 거슬 달르ᄒ고 요란이 보치며 만일 아니 쥬ᄂ 집이 니시면 모진 병(病)을 쥬어 무슈이 살 〈9a〉 히ᄒ기로 부지(扶持)ᄒ기 어렵다' ᄒ거늘 싱이 그 말 밋지 아니ᄒ여 ᄒ 집을 졍ᄒ고 밤을 지니더니 과연 삼경(三更)은 ᄒ여 쳔병만미 드러오며 크게 요란ᄒ더니 이윽고 촌가(村家)로 흣터지미 다섯 쟝쉬(將帥) 일시(一時)의 드러오니 다 각각 갑쥬(甲胄)을 닙고 챵검(槍劍)을 드러시니 위의(威儀) 엄슉

---

139) 일비지력(一臂之力) : 한 팔 또는 한쪽 팔꿈치의 힘이라는 뜻으로 남을 도와주는 작은 힘을 이르는 말.

(嚴肅)ㅎ여 바로 보지 못헐너니 졈졈 드러와 싱의게 스례왈(謝禮曰), '우리는 오방신장(五方神將)이라. 상뎨(上帝)의 칙교(勅敎)을 밧드러 군스을 거느리고 진천ᄌ(眞天子)을 호위(護衛)ㅎ라 계양 쓴 동문(東門) 밧그로 가더니 이곳의 이르미 스졸(士卒)이 긔갈(飢渴)을 이긔지 못ㅎ여 이 촌즁(村中)의 드러와 염치(廉恥)을 모로고 어더 먹더니 이제 그듸 당돌이 안져시믈 보니 족히 장군의 긔상(氣像)이라. 그듸는 진텬ᄌ을 ᄎᄌ 도오면 조흘가 ㅎ노라' ㅎ거늘 싱이 그 심상(尋常)치 아니믈 알고 쏘 무르되 '진텬ᄌ의 셩씨(姓氏)을 엇지 니로지 아니ㅎᄂ뇨?' 그 신장(神將) 왈, '셩(姓)은 쥬시(朱氏)니 걸인(乞人) 빅명(百名)을 다리고 단이며 걸식(乞食)ㅎᄂ니 부듸 나의 말을 헛도이 쓴지 말나' ㅎ고 일시(一時)의 간듸업거늘 마음의 희한이 넉여 단이더니 이제 장군을 만나 대사(大事)을 의논ㅎ오미 계양 쓴 동문을 ᄎᄌ 걸닌(乞人) 괴슈(魁首) 쥬씨(朱氏)을 만나면 창업지공(創業之功)을 일우리니 엇지 아름답지 아니ㅎ리잇고?"

싱이 쳥파(聽罷)의 셔안(書案)을 치며 왈,

"긔ᄌ(奇才)라. 우리 〈9ㄴ〉 장ᄎ 일홈을 셰워 공업(功業)을 이울 쟉을 만나쏘다."

ㅎ고 즉시 니졍을 다리고 즁원으로 힝(行)ㅎ니 ᄎ시

(此時) 댱빅의 나히 이십셰라. 긔골(氣骨)리 쟝딕(壯大)
ᄒᆞ여 마음의 두릴 거시 업시되 일신(一身)이 곤(困)ᄒᆞᆯ
염녀ᄒᆞ나 활달한 긔용(氣勇)이 북히(北海)을 쐴 ᄯᅳᆺᄒᆞᄂᆞᆫ
지라. 니정이 본듸 쳡(妾)을 다리고 단니이 일홈 홍불기
라. ᄒᆞᆫ가지로 댱빅을 ᄶᅩᆺᄎᆞ 호쥬 ᄯᅮᆯ을 지닐시 강을 건너
더니 믄득 쳥뇽(靑龍)과 거복이 ᄊᆞ오거늘 싱이 보고 진
언(眞言)을 염(念)ᄒᆞ더니 믄득 쳘장(鐵杖)을 드러 거복의
머리을 씨쳐 죽이니 그 용이 딕열(大悅)ᄒᆞ여 싱을 자조
도라보며 물속으로 드러가ᄂᆞᆫ지라. 댱빅이 그 용의 ᄊᆞ홈
을 구완ᄒᆞ고 날이 져믈ᄆᆡ 강변(江邊) 쥬점(酒店)의셔 밤
을 지닐시 ᄒᆞᆫ 동ᄌᆞ(童子) 드러와 장싱을 보고 졀ᄒᆞ여 왈,

"나은 빅마강 뇽ᄌᆡ(龍子)옵더니 작일(昨日) 그듸의 은
혜을 힘닙어 부왕(父王)의 목슘을 보젼ᄒᆞ여ᄊᆞ오니 그 보
은(報恩)ᄒᆞᆯ 바을 아지 못ᄒᆞᄂᆞᆫ지라. 가져온 거시 비록 ᄶᅩ
치 못ᄒᆞ나 그듸 이을 가져시면 족히 슬 곳의 유닉(有益)
ᄒᆞᄆᆡ 이시리라."

ᄒᆞ고 일기(一介) 구슬을 ᄂᆡ여쥬며 ᄯᅩ 일쳑(一尺) 쟝검
(長劍)을 노커늘 싱이 ᄌᆞ시 보니 범샹(凡常)ᄒᆞᆫ 긔물(器
物)이 아니라. 지극(至極)ᄒᆞᆫ 보빅여늘 심즁(心中)의 깃거
ᄉᆞ례(謝禮)ᄒᆞ고 놀나 ᄭᆡ니 동ᄌᆞ은 간듸업고 칼과 구
슬이 겻혀 노혓거늘 거두어 힝쟝(行裝)의 감초고

날이 븕은 후 니정과 훈가지로 기을 써나 훈 곳의 니르
이 층암절벽(層巖絕壁)의 슈간초옥(數間草屋)이 이스
되 치운(彩雲)이 둘너거늘 댱빅이 니정다려 왈,

"져 집의 필연(必然) 도인(道人)이 스는가 시부니 잠
간 추즈보리라."

호고 먼져 니정을 보늬여 그 집 사람이 엇더호믈 아
라 오라 호니 니정이 응낙(應諾)고 그 집의 쥬인(主人)을
추즈니 훈 녀지 녹의홍상(綠衣紅裳)으로 거문고을 타다
가 니정을 보고 반겨 문왈(問曰),

"그딕 아니 쳥쥬 쓴 니정 장군이신가? 소첩(小妾)의
가군(家君)이 앗가 나가시여 당부왈(當付曰), '일정 귀객
(貴客) 이닌(二人)이 이르리니 흐나흔 츄셩(樞星) 댱 원
슈오 흐나흔 니정 장군이라' 호시민 아옵거니와 엇지 댱
원슈는 아니 오시잇가?"

니정이 이 말을 듯고 경문왈(警問曰),

"그딕 가군(家君)의 말을 드러 우리 두 스람 올 줄은
알여니와 날과 장 원슈는 엇지 분변(分辨)호느뇨?"

그 여지 딕왈(對曰),

---

140) 수간초옥(數間草屋) : 몇 안 되는 작은 초가.

"댱 원슈은 텬상(天上) 츄셩(樞星)이라. 안목(眼目)의 셔긔(瑞氣) 반다시 이시리니 니러무로 주연 알미로소이다."

니졍이 그 지식(智識) 이시믈 탄복(歎服)호고 쥬져호더니 이윽고 밧그로셔 셰 스롬이 드러와 믄득 니졍을 보고 반겨 왈,

"귀긱(貴客)이 도문(到門)호시되 맛참 쥬인(主人)이 업셔시니 엇지 용렬(庸劣)호믈 면호리잇가?"

호고 예필(禮畢) 좌졍후(坐定後)의 삼인(三人)이 셩명(姓名)을 〈10b〉 통(通)호니 형(兄)은 빅운단니뇨 둘직은 빅운션이요 셰직은 빅운현이라.

"우리 숨형졔 약간 아는 일이 잇기로 이 산즁의 은거(隱居)호여 텬하(天下) 녕웅(英雄)을 만날 쥴 즘작(斟酌)호녀스미 이졔 니 쟝군은 만나거이와 댱 원슈는 어듸 겨시이잇가?"

니졍이 그 삼인의 귀신갓치 알믈 놀나 왈,

"싱이 닐직 셰상 구경코즈 호여 두루 단니다가 과연 흔 영웅을 만나니 셩은 '댱'이요 일홈은 '빅'이라. 흔가지로 이곳을 지닐시 심상치 아니흔 긔운(氣運)을 보고 왓더니 그딕 댱 원슈을 보고져 호실진딕 싱과 흔가지로 가면 만나리로다."

ᄒᆞ고 사인(四人)니 ᄒᆞᆫ가지로 나와 댱싱을 볼ᄉᆡ 운단 왈,

"소싱(小生)이 댱 원슈 오시믈 기다리더니 오날날 만나시니 엇지 ᄒᆞ늘이 지시ᄒᆞ시미 아니리잇고? 이졔 텬ᄒᆞ 요란ᄒᆞ여 쳐쳐(處處)의 영웅이 봉긔(蜂起)ᄒᆞ니 원나라 긔업(基業)이 님의 진(盡)ᄒᆞᄆᆡ 셰상이 밧고이믈 당ᄒᆞ니 만일 댱 원슈 아니면 돗탄(塗炭)의 든 빅셩을 건질 슈 업스리니 원컨디 소싱 등은 장군을 ᄯᅡ라 ᄒᆞᆫ가지로 일홈을 후셰(後世)의 유젼(留傳)ᄒᆞ미 엇더ᄒᆞ니잇고?"

댱싱니 그 삼인의 긔위(氣位) 웅장(雄壯)ᄒᆞᆷ을 보고 ᄆᆞ음의 깃거 왈,

"나도 셰상이 요란ᄒᆞᆷ을 짐작ᄒᆞ나 누셜(漏泄)ᄒᆞ미 업고 동심(同心)의 호걸(豪傑)을 만나지 못ᄒᆞ여더니 운〈11a〉연이 이곳의셔 형을 만나니 맛당이 도원결의(桃園結義)을 효측(效則)ᄒᆞ여 ᄉᆞ싱(死生)을 ᄒᆞᆫ가지로 ᄒᆞ리라."

ᄒᆞ고 일반 단(壇)을 무어 잔치을 빅셜(排設)ᄒᆞ고 빅마(白馬)을 잡으 밍셰(盟誓)ᄒᆞ며 긔특(奇特)ᄒᆞᆫ 묘ᄎᆡᆨ(妙策)을 의논ᄒᆞ니 그 형셰(形勢) 당ᄒᆞᆯ 지(者) 업더라. 원닉 빅순단의 쳡(妾) 쳔봉을 다리고 산즁이 이셔 댱 원슈 으믈 기다리다가 니졔 ᄯᆡ을 만나 긔운을 ᄯᅥᆯ치고 ᄒᆞᆫ가지로 즁원을 힝헐ᄉᆡ 길의셔 ᄎᆞᄎᆞ ᄉᆞ름을 어드니 원종지(原從者)

삼쳔여 인(三千餘人)이라. 댱싱이 니졍다려 왈,

"그딕 이 삼쳔 인(三千人)을 모도와 단일 길이 업스니 약속을 졍ᄒ여 각각 허여져 무구 단인은 집을 츠즈 스환(使喚) 노릇 ᄒ겨 ᄒ면 져마다 쥬인(主人)니 미드리니 이 고을 직시(刺史) 필경(畢竟) 습진(習陣)ᄒ면 쥬인(主人)의 딕신(代身)으로 각각 군복(軍服)을 갓초고 참녜(參預)ᄒ듯가 습진(習陣)이 파(罷)ᄒᆫ 후 일시(一時)의 빅운산으로 모이면 닉 몬져 묘칙(妙策)을 굿게 ᄒ고 기다리리니 만일 영(令)을 어긔는 직(者) 잇시면 군법(軍法)으로 시힝(施行)ᄒ리라."

ᄒ니 니졍이 영(令)을 듯고 물너가다. 이러구러 준연이 되믹 니졍은 남의 병(病)도 곳치며 댱싱과 빅운단 삼 인은 혹 졈(占)도 보은 쳬ᄒ며 셰상 물논(物論)을 듯보니 뉘 능히 알니오. 츳시(此時) 연쥬 즈사 화양이 닌심(人心)이 소동(騷動) 잇스믈 념녜(念慮)ᄒ여 무보군(馬步軍)을 모흐고 크게 연습(鍊習)ᄒᆫ는 영(令)을 각읍(各邑)의 젼ᄒ거늘 댱싱 〈11b〉이 이 일 알고 급히 니졍을 불너 왈,

"아모날 습진(習陣)ᄒᆫ는 영이 이시니 그딕은 착시리 지휘ᄒ여 녕을 어긔지 말면 난유(亂類)141) 삼쳔(三千)이 화(化)ᄒ여 강병(强兵) 삼쳔(三千)이 되리니 엇지 묘칙이 아니리오?"

호고 쏘 빅운단 등을 불러 왈,

"그디은 빅화산의 드러가 뉵졍뉵갑(六丁六甲)을 버리면 오방신장(五方神將)이 웅위(雄衛)호고 신병(神兵)이 결진(結陣)호리니 어든 바 마군(馬軍) 삼쳔(三千)과 혼곳의 진(陣)을 치고 밤 들기을 기다려 바로 연쥬을 취호리라."

호고 약속을 정호여더니 과연 약속과 갓치 삼쳔 창두(蒼頭) 갑쥬(甲冑)와 창검(槍劍)을 갓초고 습진(習陣)의 참녜(參預)호여더니 파(罷)호는 영을 듯고 말을 달여 일시(一時)의 산하(山下)의 니르거늘 댱싱이 대희(大喜)호여 직시 영솔(領率)호고 빅화산의 빅운단 츠즈 드러가니 썩 졍히 황혼(黃昏)이 되엿더라. 빅운단 형졔 나아와 댱싱을 마즈 쟝디(將臺)의 놉히 안치고 차례로 군녜(軍禮)을 드려 하례왈(賀禮曰),

"오날날 디원슈(大元帥)을 미시는 날리라."

호고 크게 즐기는지라. 오방신장(五方神將)은 방위(方位)를 응(應)호여 삼십만 신병(神兵)을 거느리고 댱

---

141) 난유(亂類) : 질서를 어지럽히는 무리를 이르는 것으로 훈련되지 않은 삼천 명의 원종자를 비유한 말.

원슈을 호위(護衛)ᄒ며 쳘긔(鐵騎) 삼쳔과 ᄒᆞᆫ가지로 진(陣)을 치미 엄슉ᄒᆞ미 쳘통(鐵桶)갓흔지라. 원슈 졔장(諸將)을 불너 크게 호궤(犒饋)ᄒ고 니졍으로 션봉장(先鋒將)을 삼고 빅운단으로 후군장(後軍將)을 삼아 이날 삼경(三更)의 〈12a〉 발군(發軍)ᄒ여 바로 연쥬을 취ᄒᆞᆯ시 셩ᄒᆞ(城下)의 다다르니 날리 붉고져 ᄒᆞᆫ지라. 셩문(城門)을 즛치고 드러가니 셩즁 빅셩이 불의지변(不意之變)142)을 만나ᄂᆞᆫ지라. 황황망조(遑遑亡兆)ᄒ여 ᄉᆞ산분쥬(四散奔走)ᄒ거ᄂᆞᆯ 니졍이 딕군(大軍) 모라 드러가며 웨여 왈,

"이 무도(無道)ᄒᆞᆫ 즈ᄉᆞ(刺史) 화양은 샐니 나와 항복(降服)ᄒ라."

ᄒᆞᄂᆞᆫ 소릭 텬지(天地) 진동(震動)ᄒᆞᄂᆞᆫ지라. 화양이 딕경실식(大驚失色)143)ᄒ여 급히 군ᄉᆞ을 모호고 졍창츌ᄆᆞ(挺槍出馬)ᄒ여 웨여 왈,

"너는 엇던 도젹이완딕 나을 업슈이 넉이ᄂᆞᆫ다. 닉 칼리 ᄉᆞ졍이 업ᄂᆞ니 오날날 너을 죽여 녁텬무도(逆天無道)ᄒᆞᆫ 죄(罪)을 다ᄉᆞ리나라."

---

142) 불의지변(不意之變) : 예상치 못했던 변고를 말함.
143) 대경실색(大驚失色) : 너무 놀라 얼굴이 하얗게 질림.

ᄒᆞ고 닉ᄃᆞ르니 빅운단이 마즈 ᄊᆞ화 십여 합(十餘合)의 이르미 불분승뷔(不分勝負)러니 화양이 소ᄅᆡ를 지르고 철퇴(鐵槌)을 드러 빅운단을 쳐 업지르고 창(槍)을 드러 지ᄅᆞ고져 ᄒᆞ더니 홀련 뒤흐로셔 함셩(喊聲)이 ᄃᆡ진(大振)ᄒᆞ며 일원(一員) 대쟝(大將)이 말을 달여 칼을 츔츄어 닉다르니 이은 션봉장 니졍이라. 급히 빅운단을 구ᄒᆞ고 ᄒᆞᆫ 번 시위을 다리여 화양을 쏘니 화양이 마즈 업더지거늘 아오 화츙이 졔 형의 위틱ᄒᆞᄆᆞᆯ 보고 닉다라 니졍과 ᄊᆞ홀ᄉᆡ 삼 합(三合)이 못ᄒᆞ여 니졍의 창이 빗ᄂᆞ며 츙의 머리 마ᄒᆞ(馬下)의 ᄯᅥ러지니 화양이 그 ᄋᆞ오 쥭는 양을 보고 분긔(憤氣) 대발(大發)ᄒᆞ여 바로 드ᄅᆞ들며 쑤지져 왈,

"닉 너을 베혀 ᄋᆞ오의 원슈을 갑흐리라."

ᄒᆞ고 〈12b〉 마즈 ᄊᆞ호더니 십여 합(十餘合)의 이르러는 화양니 능히 져당(抵當)치 못ᄒᆞᆯ 쥴 알고 셔문(西門)을 바리고 ᄯᅥ더니 댱 원슈의 대진(大陣)의 닛시ᄆᆞᆯ 보고 황겁(惶怯)ᄒᆞ여 ᄋᆞ모 곳으로 갈 쥴 모로ᄂᆞ지라. 댱 원슈 눈을 부릅ᄯᆞ고 대즐왈(大叱曰),

"이 무도(無道)ᄒᆞᆫ 화양는 드르라. 네 국녹지신(國祿之臣)으로 일도(一道) 방빅(方伯)이 되여 치민(治民)ᄒᆞᆯ 쥴 아지 못ᄒᆞ고 쥬식(酒色)을 조와ᄒᆞ여 빅셩이 도탄즁의 드

러시니 늬 너을 먼져 쥭여 빅셩을 건지리로다."

 ᄒᆞ고 원슈의 쳘창(鐵槍)이 이은 곳의 화양의 머리 무ᄒᆞ(馬下)의 구는지라. 그 머리을 셩문(城門)의 다라 군즁(軍中)이 호령(號令)ᄒᆞ고 졔장군졸(諸將軍卒)을 안둔(安屯)ᄒᆞ며 창고(倉庫)을 여러 빅셩을 무휼(撫恤)ᄒᆞ고 부셰(負稅)을 감(減)ᄒᆞ니 빅셩이 크게 깃거ᄒᆞ더라. 원슈 니졍과 빅운단을 블너 왈,

 "니졔 연쥬 병(兵)을 합진(合陣)ᄒᆞ면 호쥬 치기는 여반장(如反掌)이라."

 ᄒᆞ고 일변(一邊) 장졸(將卒)을 상ᄉᆞ(償賜)ᄒᆞ며 션봉장(先鋒將) 빅운현으로 곳치고 힝군(行軍)ᄒᆞ여 호쥬로 힝ᄒᆞ니라.

 잇ᄯᅢ 단양(丹陽) 퇴슈(太守) 니연힝은 본ᄃᆡ 쳘관도ᄉᆞ144)의 졔ᄌᆞ(弟子)라. 흉즁(胸中)의 텬지조화(天地造化)을 품슈(稟受)ᄒᆞᄆᆡ 변화블측(變化不測)ᄒᆞ지라. 이졔 장빅이 닐홈 업는 군ᄉᆞ을 발(發)ᄒᆞ여 년쥬를 쳐 엇고 쏘 호쥬을 치러 가ᄆᆡ 망풍귀슌(望風歸順)ᄒᆞᄆᆡ 텬ᄒᆞ(天下)을 도모(圖謀)ᄒᆞᆯ 듯ᄒᆞ지라.

---

144) 쳘관도사 : '쳔관도사'의 오기.

"닉 쟝빅과 동문슈학(同門修學)ㅎ는 졍(情)이 잇스나 반드시 져을 쳐 업시ㅎ리라."

ㅎ고 〈13a〉 먼져 도스(道士)을 보고 댱빅 칠 말솜을 의논ㅎ니 도시 왈,

"네 직조 비록 비상(非常)ㅎ나 댱빅을 당헐 슈 업스리니 댱빅을 도와 딕공(大功)을 일울 만 갓지 못ㅎ리라."

흔딕 연횡이 불열왈(不悅曰),

"영위계구(寧爲鷄口)넌졍 무위우후(無爲牛後)145)라 ㅎ니 션싱의 가로치시믈 봉힝(奉行)치 못ㅎ리로소니다."

ㅎ고 ㅎ즉(下直)고 도라와 군亽을 조발(調發)ㅎ니 그 셰(勢) 호딕(浩大)ㅎ더라.

츳시(此時) 니졍이 군亽을 다 회동(會同)ㅎ여 호쥬 셩ㅎ(城下)의 진(陣)을 치고 격셔(檄書)을 젼ㅎ여 쏘홈을 직촉ㅎ니 틱슈(太守) 황겁(惶怯)ㅎ여 셩문을 구지 닷고 나지 아니ㅎ거늘 니졍이 군亽을 발ㅎ이 놉흔 봉(峰)의 올나 화젼(火箭)을 믓고 亽쟝(射將)을 명초(命招)ㅎ여 각

---

145) 영위계구(寧爲鷄口) 물위우후(勿爲牛後): 소의 꼬리가 되려거든 차라리 닭의 머리가 된다는 뜻으로 큰 집단의 꼴찌보다는 작은 집단의 우두머리가 낫다는 것을 의미함.

각(各各) 일지군(一枝軍)146)을 거느리고 사문(四門)의 미복(埋伏)ᄒ여짜가 일성표향(一聲砲響)의 화젼을 발(發)ᄒ니 셩즁(城中)이 대란(大亂)ᄒ여 불리 ᄉ면(四面)의 허여지니 화렴(火焰)이 츙텬(衝天)ᄒᄂ지라. 니졍이 삼쳔(三千) 쳘긔(鐵騎)를 거느리고 셔문(西門)을 엄살(掩殺)ᄒ니 고각함셩(鼓角喊聲)이 텬지(天地) 진동(震動)ᄒᄂ지라. ᄉ면(四面) 복병(伏兵)이 일시(一時)의 문을 씨치고 드러가니 호쥬 틱쉬 쟝계(狀啓)을 올여 급히 동문(東門)으로 다라나다가 니졍의 아쟝(亞將) 황문홍을 만나니 황문홍은 연쥬셔 어든 쟝ᄉ(壯士)라. 틱슈을 에워 ᄊ고 ᄭ지져 왈,

"우리 댱 원슈 텬명(天命)을 밧드러 의병(義兵)을 일우니 군시 삼십만이오 밍쟝(猛將)이 무슈(無數)ᄒ지라. 텬되(天道) 번 〈13b〉 복(飜覆)ᄒ믈 짐작ᄒ고 무도ᄒ 원황졔을 니치고ᄌ ᄒ나니 네 만일 목슘을 도모코ᄌ 홀진디 ᄲ니 황복ᄒ라."

ᄒ니 틱슈 분노(忿怒)ᄒ여 창 드러 ᄊ홀ᄉㅣ 반 합(半合)이 못ᄒ여 문홍의 칼리 빈나며 틱슈의 머리 ᄂ려지ᄂ

---

146) 일지군(一枝軍) : 한 무리의 병사.

지라. 원쉬 그 농밍(勇猛)을 일콧고 방 썍쳐 빅성을 안무(按撫)ᄒ여 부로(父老)147)을 불너 위로왈(慰勞曰),

"너등(汝等)는 착흔 틱슈 만나지 못ᄒ여 몸이 도탄(塗炭)의 잠겨쓰가 지금은 민폐(民弊)을 진정ᄒ여시니 족히 편ᄒ다 ᄒ려니와 우흐로 걸쥬(桀紂) 갓흔 원 황제 이시니 엇지 텬되 무심(無心)ᄒ리오? 니졔 그듸 등으로 동남(東南) 슈셩장(守城將) 시키ᄂ니 셩(城)을 착실이 보호ᄒ라."

ᄒ고 제장(諸將)을 모화 삼군(三軍)을 회동(會同)ᄒ여 장안으로 향코ᄌ ᄒ더니 믄득 탐미(探馬) 보(報)ᄒ되 ᄂ듸업는 적병(敵兵)이 이르어 쏘홈을 도돈다 ᄒ거늘 댱 원쉬 고이히 넉여 장듸(將臺)의 올나 진셰(陣勢)을 살폐 보니 흔 장쉬 갑쥬(甲胄)을 갓초고 쳥총마(靑驄馬)을 탓시니 낫치 불빗 갓고 슈염이 바늘 갓흐며 신장이 팔척(八尺)이라. 즉시 니졍을 명ᄒ여 나 쏘홀식 먼져 뉵화진(六花陣)을 쳐 조화(造化)로 잡으려 ᄒ니 연횡이 군ᄉ을 호령(號令)ᄒ여 나아오며 워여 왈,

"반젹(叛賊) 댱빅이 너 나을 모르ᄂ다? 니 오날 너을

---

147) 부로(父老) : 한 동네에서 나이가 많은 남자 어른을 높여 부르는 말.

죽여 공(功)을 셰우리라."

 ᄒ고 졈졈 갓가이 오니 무슈흔 신병(神兵)이 닙 버리며 긔운을 토ᄒ니 ᄉ졸(士卒)이 〈14a〉 샹(傷)ᄒᄂ지라. 댱 원슈 놀나 닙으로 옥갑경(玉甲經)148)을 염(念)ᄒ니 이윽고 ᄃ풍(大風)이 니러나며 안기 비오 듯ᄒ여 눈을 ᄯ지 못ᄒ니 단양 병(兵)이 비록 신긔ᄒ나 엇지 당ᄒ리오. 항오(行伍)을 ᄎ리지 못ᄒ고 뉵화진(六花陣) 속의 드러 나갈 바을 아지 못ᄒᄂ지라. 연횡이 ᄃ경(大驚)ᄒ여 도망코져 ᄒ나 ᄉ면의 즉흔 장쉬 잇ᄂ지라. 댱 원슈 장ᄃ의 올나 북을 치고 냥진(兩陣) 승픽(勝敗)을 보더니 연횡이 슈십긔(數十騎) 거ᄂ리고 남(南)을 힝ᄒ여 도망ᄒᄂ지라. 빅운단이 ᄲᆯ니 ᄯᅳ르며 창으로 말 질너 업지르고 연횡을 ᄉᆼ금(生擒)ᄒ여 장ᄃ의 니르거늘 원슈 ᄃ희ᄒ여 니졍을 샹ᄉ(償賜)ᄒ고 연횡을 ᄭᅮ지져 왈,

 "니 니졔 의병(義兵)을 일희여 무도흔 무리을 쓸고져 ᄒ거늘 네 텬시(天時)을 모르고 고니흔 신병(神兵)을 모라 나을 항거(抗拒)ᄒ니 너 갓흔 무도흔 놈을 베허 위엄(威嚴)을 도으리라."

---

148) 옥갑경(玉甲經) : 악귀를 쫓을 때 읊는 경문.

ㅎ고 군즁의 호령ㅎ여 밧비 버히라 ㅎ니 연횡이 고두
ᄉ죄왈(叩頭謝罪曰),149)

"소장(小將)의 죄는 죽기을 면치 못ᄒᄂ 원슈의 디덕
(大德)으로 목슘을 ᄉ로시면 죽기로써 원슈을 도으리니
복망(伏望) 원슈는 잔명(殘命)을 구ᄒ소셔."

ᄒ거늘 원쉬 깃거 민 거슬 그르고 장ᄃᆡ의 올녀 안치
고 젼후 지니든 슈말을 니르고 술을 나와 권ᄒ며 황셩
(皇城) 칠 일을 의논ᄒ더라.

각셜(却說). 댱 소졔 황능묘의셔 니 승상 부인을 만나
이휼(愛恤)ᄒ믈 〈14b〉 어드미 일신이 평안(平安)ᄒ되 다
만 댱빅만 싱각ᄒ고 쥬야 셜워ᄒ며 밤이면 후원(後園)의
올나가 ᄒᆞ늘쎄 츅슈(祝手)ᄒ여 댱빅 만나 보기을 발원
(發願)ᄒ더니 일일(一日)은 ᄒᆫ 노인(老人)이 닐너 왈,

"네 이곳의셔 그리 말고 산 뒤의 ᄃᆡ셩사룬 ᄃᆡ찰(大刹)
니 잇시니 그 졀의 가셔 칠일(七日) 공양(供養)ᄒ면 오ᄅᆡ
지 아니ᄒ여 동싱을 만나리라."

ᄒ거늘 놀나 ᄭᆡ니 동산 잔디의 업드여거늘 즉시 ᄂᆞ려
와 부인긔 몽ᄉ(夢事)을 니르고 ᄒᆞ가지로 그 졀의 가 공

---

149) 고두사죄왈(叩頭謝罪曰) : 머리를 조아리며 잘못을 빌며 말함.

양ᄒᆞ믈 쳥ᄒᆞ니 부인니 그 졍셩을 긔특니 여겨 즉시 힝장과(行裝) 교ᄌᆞ(轎子)을 ᄎᆞ려 쥬며 왈,

"과연 이 산 뒤의 대셩시란 졀이 잇스니 승(僧)이 만치 안코 심히 졍쇄(精灑)ᄒᆞ지라. 네 만일 소원을 닐울진ᄃᆡ 엇지 즐겁지 아니리오?"

소졔 닌(因)ᄒᆞ여 ᄒᆞ즉(下直)ᄒᆞ고 ᄃᆡ셩ᄉᆞ로 올나가니 노승(老僧)이 ᄆᆞ즈 법당(法堂)의 인도(引導)ᄒᆞᄆᆡ 소졔 불젼(佛錢)을 올니고 공양(供養) 츅슈(祝手)ᄒᆞ더니 난ᄃᆡ업ᄂᆞᆫ 걸인(乞人) 슈십 인(數十人)이 드러와 들네며 왈,

"우리 등이 촌가(村家)의 단니며 밥을 어더거니와 이 졀의 와 밤이나 ᄌᆞ고 가리라."

ᄒᆞ며 ᄉᆞ면으로 허여지더니 ᄒᆞᆫ 걸인이 급히 법당 문을 열고 드러오은지라. 소졔 밋쳐 몸 감초지 못ᄒᆞ고 부쳐 뒤의 숨으려 ᄒᆞ더니 그 걸인이 소졔을 보고 ᄶᅩ쳐와 문왈(問曰),

"그ᄃᆡ은 ᄉᆞ름인ᄃᆞ 귀신인ᄃᆞ? 엇지 고요ᄒᆞᆫ 법당의 홀노 잇ᄂᆞ뇨?"

소졔 놀ᄂᆞ 썰며 ᄃᆡ답지 못ᄒᆞ〈15a〉ᄂᆞᆫ지라. 그 걸인이 소졔의 망조(亡兆)ᄒᆞ믈 보고 집슈문왈(執手問曰),

"그ᄃᆡ 무ᄉᆞᆷ 일노 이곳의 이르러ᄂᆞ요?"

소졔 마지못ᄒᆞ여 왈,

"나는 능쥐 댱 승샹의 녀지라. 조상부모(早喪父母)150)ᄒ고 어린 동ᄉᆡᆼ을 데리고 잔명(殘命)을 보존(保存)ᄒ더니 간닌(奸人)의 히(害)ᄅᆞᆯ 만ᄂᆞ 즁노(中路)의셔 동ᄉᆡᆼ을 일코 도젹의게 잡히여가더니 도젹을 속이고 소상강의 ᄲᅢ져 쥭으려 ᄒ더니 니비(二妃)의 구ᄒᆞᆷ을 힘닙어 챵파즁원혼(蒼波中冤魂)을 면ᄒ고 니 부인을 만나 잔명(殘命)이 부지(扶持)하오나 다만 어린 오르비을 만나지 못ᄒᄆᆞ로 불젼(佛殿)의 발원(發願)이나 ᄒ면 그 얼골을 볼가 ᄒ고 이곳의 이르러더니 그ᄃᆡ 급히 드러오ᄆᆡ 심히 놀납도다."

그 걸인이 쵹(燭)을 갓가이 ᄒ고 소졔을 ᄌᆞ시 보니 옥모화용(玉貌花容)151)이 요요졍졍(夭夭貞靜)152)ᄒ여 진짓 경국지ᄉᆡᆨ(傾國之色)이라. ᄒᆞᆫ 번 보ᄆᆡ 장부(丈夫)의 심ᄉᆞ(心思)을 ᄌᆞᄇᆞ 놀니ᄂᆞᆫ지라. 엇지 범연(泛然)ᄒ리요. 그 졍셩을 탄복ᄒ고 왈,

"낭ᄌᆞ은 나의 ᄒᆡᆼᄉᆡᆨ(行使) 츄미ᄒᆞᆷ을 츔 밧기 말나. 비

---

150) 조상부모(早喪父母) : 어려서 부모를 여의었음을 말함.

151) 옥모화용(玉貌花容) : 옥같이 아름답고 꽃다운 얼굴.

152) 요요정정(夭夭貞靜) : 나이가 젊고 아름다우며 마음이 바르고 침착한 모습.

록 그러ㅎ나 천ㅎ(天下) 흥망(興亡)이 흉즁(胸中)의 품슈(稟受)ㅎ여시니 실노 졔업(帝業)을 창긔(創起)홀지라. 그러모로 즈최을 감초고 단니며 텬시(天時)을 기드리더니 우연이 이 졀의 드러와 낭즈을 만나니 이는 ㅎ날리 졍ㅎ신 연분(緣分)이라. 니 천ㅎ(天下)을 평졍(平定)ㅎ 후 낭즈을 뉵예(六禮)로 마질 거시니 므슨 신물(信物) 니여 후고(後考)153)을 굿게 ㅎ미 조르리로다."

소졔 니 말을 듯고 더욱 놀나믈 이긔지 못ㅎ나 그 〈15b〉 스셰(事勢) 헐 슈 업는지라. 줌간 눈 드러 그 걸인을 보니 얼골의 무그 쩌 가득ㅎ여 눈 아릭 코이 이쓰며 업스믈 아지 못ㅎ고 머리털리 훗허져 방셕이 되야시며 오시 허러 몸을 감초지 못ㅎ여시니 그 츄(醜)ㅎ믈 바로 보지 못ㅎ나 그러나 엄슉(嚴肅)ㅎ 거동(舉動)은 밍회(猛虎) 긔산(岐山)의 안짐 갓고 쇄락(灑落)ㅎ 형용(形容)은 쳥뇽(靑龍)이 벽히(碧海)을 뒤치는 듯 풍치(風采) 늠늠ㅎ여 융쥰뇽안(隆準龍顔)154)이 당당이 졔왕(帝王)의 긔상

---

153) 후고(後考) : 후일 고려될 수 있는 증거.
154) 융준용안(隆準龍顔) : 한나라 고조인 유방의 얼굴 생김새를 표현한 것으로 콧대가 우뚝 솟고 얼굴의 생김새가 용과 같다는 뜻.

(氣像)이라. 심즁(心中)의 암희(暗喜)ᄒ여 부쳐의 지시
ᄒ시믈 탄복ᄒ고 고기을 슉이고 듸답지 못ᄒ며 다만 머
리의 봉치(鳳釵)을 쎅혀 닉여쥬니 그 걸인니 봉치을 바
듸 반(半)을 썩거 낭ᄌ을 쥬며 왈,

"일노 신(信)을 슴으라. 나은 동국(東國) 스름 쥬원댱
(朱元璋)이니 간밤의 일몽(一夢)을 어드미 대셩스 부쳐
계화(桂花) 일지(一枝)을 쥬며 니르되, '이 계화(桂花)을
후원(後園)의 심어 두고 물을 쥬어 잘 기르면 월궁(月宮)
계화(桂花) 되리라' ᄒ거늘 꿈을 씨여 히득(解得)지 못ᄒ
여더니 니졔 낭ᄌ을 만나 신물(信物)로 봉치을 쥬니 엇
지 부쳐의 지시ᄒ미 아니리오?"

소졔 듸왈(對日),

"쳡이 이제 언약(言約)을 즉히리니 낭군은 뜻을 셰운
후 츠지ᄉ믈 기듸리리로소이다."

쥬싱이 탄왈(歎曰),

"일후(日後) 계양셔 듸병(大兵)이 이러ᄂᆞᄃᆞ ᄒ거든 닉
긔군(起軍)ᄒᆞᆫ 쥴 알고 찻기을 기듸리라."

ᄒ고 니별ᄒ니라. 날이 붉은 후 소졔 니부(李府)의 가
더니 부인이 반기며 그 졍셩이 지극ᄒ믈 못ᄂᆡ 닐커르며
⟨16a⟩ 소졔의 봉치 업시믈 괴이히 넉여 그 연고(緣故)을
무르니 소졔 양구후(良久後) 아미(蛾眉)[155]을 슉이고 지

닌 일을 주셰히 고ᄒᆞ니 부인니 그 텬졍(天定) 이스믈 탄복ᄒᆞ여 더옥 이즁(愛重)이 녁이더라.

츠셜(且說). 쥬ᄉᆡᆼ(朱生)이 대셩사을 ᄯᅥ나셔 텬왕묘(天王廟)의 드러가 ᄌᆞ더니 그 마을의 뉴긔(劉基)라 ᄒᆞᄂᆞᆫ ᄉᆞ름이 이시니 신장이 구쳑(九尺)이오 지략(智略)이 과인(過人)ᄒᆞᆫ지라. ᄯᅳᆺ을 엇지 못ᄒᆞ여 두루 단이더니 일일(一日)은 집의 드러 ᄌᆞᄂᆞᆫ지라. 삼경(三更)은 ᄒᆞ여 엇던 ᄉᆞ름이 닛물을 요란니 건너 오거늘 고이히 녁여 니러ᄂᆞ 그 연고(緣故) ᄌᆞ셰니 므르니 기인(其人) 왈,

"우리ᄂᆞᆫ 텬왕묘(天王廟) 신령(神靈)이러니 금야(今夜)에 대명(大明) 태죄(太祖) 묘즁(廟中)의 와 머무시ᄂᆞᆫ 고로 감이 ᄒᆞᆫ가지로 지닉지 못ᄒᆞᄂᆞᆫ 고로 줌간 피(避)ᄒᆞ노라."

ᄒᆞ고 간ᄃᆡ업거늘 심즁의 고이히 녁여 텬왕묘의 올너가 두루 살펴보니 ᄒᆞᆫ ᄉᆞ름이 줌을 깁히 드럿시되 의복이 남누(襤褸)ᄒᆞ고 형용(形容)이 곤곤(困困)ᄒᆞ여 쥬린 걸긱(乞客) ᄀᆞᆺᄒᆞᆫ지라. 그러헌 가온ᄃᆡ 상셔(祥瑞)의 구름이 그

---

155) 아미(蛾眉) : 누에나방의 눈썹이라는 뜻으로 가늘고 길게 굽어진 미인의 아름다운 눈썹을 말함.

스롬을 둘너시니 심히 황홀ᄒᆞ지라. ᄒᆞᆫ 번 보미 크게 이상니 넉여 겻혜 안ᄌᆞ 그 ᄌᆞᆷ ᄭᆡ기을 기다리더니 이윽고 스롬이 놀나 ᄭᆡ여 이러 안지며 왈,

"승상(丞相)이 엇지 이곳의 니르럿ᄂᆞ뇨?"

유긔 경아왈(驚訝曰),

"소싱(小生)은 니 ᄆᆞ을의 스ᄂᆞᆫ 미쳔(微賤)ᄒᆞᆫ 스롬이라. 승상(丞相)이라 층(稱)ᄒᆞ시문 진실노 ᄭᆡ닷지 못ᄒᆞ거니와 앗가 신통(神通)ᄒᆞᆫ 일이 이셔 니곳의 왓쓰오니 진정(眞情)으로 〈16b〉 니르시믈 바라ᄂᆞ이다."

기인(其人) 왈,

"나는 조선(朝鮮) 스롬이니 셩명(姓名)은 쥬원댱(朱元璋)이라. 본듸 집이 빈한(貧寒)ᄒᆞ기로 졍쳐(定處)업시 단니더니 우연이 대국(大國)의 드러와 인심(人心)을 살피더니 엇지 일몽(一夢)을 어드미 승상이 와거늘 '엇지 잠만 ᄌᆞᄂᆞ뇨?' ᄒᆞ기로 놀나 ᄭᆡ니 과연 그듸 겻혜 안져시미 알거니와 금(今) 원 황졔(元皇帝) 무도(無道)ᄒᆞ여 텬운(天運)이 진(盡)ᄒᆞ여시미 쳔ᄒᆞ(天下) 호걸(豪傑)이 봉긔(蜂起)ᄒᆞ니 니 삼쳑검(三尺劍)을 잡아 진(秦)나라 닐흔 스슴을 잡으려 ᄒᆞ듸 동모(同謀)ᄒᆞᆯ 스람을 엇지 못ᄒᆞ더니 니졔 그듸을 만나이 족히 근심이 업스리로다."

ᄒᆞ거늘 뉴긔 듸희(大喜)ᄒᆞ여 ᄉᆞ례ᄒᆞ고 집이 도라와

쳐즈(妻子)을 불너 가산(家産)을 슈습(收拾)ᄒ라 ᄒ고 듀싱(朱生)으로 더부러 계양으로 드러갈시 이쩍 한긔(旱氣) 틱심(太甚)ᄒ고 시졀(時節)이 흉연(凶年)이미 쳐쳐(處處)의 쥬려 죽는 지(者) 무슈(無數)ᄒ되 독(獨)이 계양이 풍연(豊年)니미 ᄉ방(四方) 걸인(乞人)니 구름 피듯 ᄒᄂ는지라. 유긔 듀싱으로 더브러 무슈한 걸인(乞人)의 괴슈(魁首) 되여 미양 엄슉(嚴肅)ᄒ게 ᄒ더니 일일(一日)은 ᄒ령(下令)ᄒ되,

"미명(未明)의 연목(椽木) 한 기와 집 한 뭇식 어더 드리되 위령ᄌ(違令者)면 계양의 닉치리라."

흔딕 걸인드리 다른 ᄯᅳ의 가면 어더먹을 슈 업시미 영(令) 듯고 즉시 어더 왓거늘 뉴긔 그졔야 계양 동문(東門) 밧긔 평원광야(平原曠野)을 추주 한 집을 지으되 족히 쳔병만미(千兵萬馬) 용납(容納)헐지라. 뉴긔 쏘 집 흐로 큰 그릇슬 만 ⟨17a⟩ 드러 모든 걸인들노 약속ᄒ되,

"너이 비러 오는 밥을 이 그릇셰 모도와 일시(一時)의 난화 먹이되 만일 사사로이 먹는 주면 동유(同類)의 붓

---

156) 한긔(旱氣) : 가뭄.
157) 평원광야(平原曠野) : 평평하고 넓은 들판.

치지 아니ᄒᆞ리라."

ᄒᆞ니 모든 걸인드리 뉴괴와 쥬싱이 그 관후(寬厚)ᄒᆞ믈 탄복(歎服)ᄒᆞ며 위엄(威嚴)을 황겁(惶怯)ᄒᆞ여 조석(朝夕)으로 밥을 비러다가 밧치니 유긔 바다 큰 그릇세 모흐고 걸인드을 연치(年齒)로 안치며 평균(平均)이 난화 쥬니 그즁의 혹 밥을 엇지 못ᄒᆞᆫ 지라도 갓치 빅불니 먹으니 져의들도 ᄯᅩᄒᆞᆫ 즐거워ᄒᆞ더라. 이러구러 겨울이 지닉고 삼츈(三春)니 다다르니 모든 걸인들리 졍의관숙(情誼慣熟)158)ᄒᆞ여 형졔 갓흔지라. 뉴긔 가산(家産)을 젼미(盡賣)ᄒᆞ니 십만여금(十萬餘金)니 되ᄂᆞᆫ지라. 일변(一邊) 군긔(軍器) 복식(服色)을 쥰비ᄒᆞ여 감초고 모든 걸인을 모화 슐을 먹난 후 그 마음을 시험ᄒᆞ리라 ᄒᆞ여 불덩이을 그릇세 담아 ᄎᆞ례로 나려오며 들니더니 ᄒᆞᆫ ᄉᆞ람의게 다다라은 문득 불그릇을 들고 좌(座)의 나며 듀싱과 유긔를 향ᄒᆞ여 왈,

"맛당이 영(令)를 쪼치리이다."

ᄒᆞ거늘 즈시 보니 이는 유문졍이라. 쥬 유 냥싱(兩生)이 졔인(諸人)의 ᄯᅳᆺ을 시험코ᄌᆞ ᄒᆞ더니 슈화(水火)라도

---

158) 졍의관숙(情誼慣熟) : 사귀어 두터워진 정이 가장 친밀한 상태.

피(避)치 안일 쥴 알고 잠소왈(潛笑曰),

"그딕 엇지 아ᄂᆞ뇨?"

문정이 딕왈(對曰),

"장쉬(將帥) 불을 젼(傳)ᄒᆞ문 반다시 긔병(起兵)코즈 ᄒᆞ미라. 아등(我等) 삼빅여 인(三百餘人)니 친쳑(親戚)을 ᄇᆞ리며 분묘(墳墓)을 〈17b〉ᄇᆞ리고 쟝슈(將帥)을 쫏츠 유리걸식(遊離乞食)ᄒᆞ믹 슉식(宿食)을 ᄒᆞ가지로 ᄒᆞ며 인의(仁義)로 딕접(待接)ᄒᆞ니 은혜(恩惠) 틱산(泰山) 갓흔지라. 쟝뷔(丈夫) 셰상의 쳐(處)ᄒᆞ믹 일흠을 후셰(後世)의 유젼(留傳)ᄒᆞ미 덧덧ᄒᆞ온 일니라. 왕후쟝상(王侯將相)이 영유종회(寧有種乎)리오?"

ᄒᆞ니 뉴긔 쳥파(聽罷)의 딕찬(大讚)ᄒᆞ고 그 손을 닛그러 겻희 안치며 실ᄉᆞ(實事)을 의논ᄒᆞ니 모든 ᄉᆞ름이 일시(一時)의 좃기을 원ᄒᆞ거늘 듀싱이 깃거 즉시 빅마(白馬)을 잡아 ᄒᆞ늘게 제(祭)ᄒᆞ고 살을 썩어 밍셰(盟誓)ᄒᆞ며 유문정ᄃᆞ려 닐너 왈,

"그딕 ᄎᆞ야(此夜)의 계양셩 군긔(軍器) 싼흔 곳의 불를 노흐면 반다시 셩문(城門)을 열고 불을 구ᄒᆞ라 헐 거시니 너 맛당이 숨빅뉵십 인을 거ᄂᆞ리고 거즛 불을 구ᄒᆞᄂᆞᆫ 체ᄒᆞᄃᆞ가 드러가 여ᄎᆞ여ᄎᆞᄒᆞ리니 언약(言約)을 닐치 말나."

문정이 응낙(應諾)ᄒᆞ고 가니라. 이쩍 ᄉᆞ경(四更)은 ᄒᆞ여 과연 셩즁(城中)의 불리 이러나며 ᄉᆞ문(四門)을 크게 열고 뵉셩을 모화 불을 ᄯᅳᆯ시 유긔 일시(一時)의 모든 ᄉᆞ룸을 드리고 드러가 일변(一邊) 민가(民家)의 불을 노흐며 무슈ᄒᆞᆫ 군긔(軍器)을 ᄂᆡ여 가지고 셩(城) 동문(東門)을 나오니 궁시창검(弓矢槍劍)이 불가승쉬(不可勝數)라. 듀싱이 딕희(大喜)ᄒᆞ여 급히 군을 모화 진셰(陣勢)을 버리고 유긔로 연봉장159)을 삼으며 유문졍으로 졍동장군(征東將軍) ᄒᆞ니고 쥬싱이 스스로 대원쉬(大元帥) 되어 삼군(三軍)을 거ᄂᆞ리고 일시(一時)의 고함(高喊)ᄒᆞ며 셩문으로 즛쳐 드러가니라. 셩즁(城中)의 불이 ○○〈18a〉○○○이 화광(火光)이 츙텬(衝天)ᄒᆞ더니 불의(不意)예 텬병만미 드러오믈 보고 밋쳐 피홀 슈 업스미 셩즁 뵉셩이 ᄃᆞ 도망ᄒᆞ여 막을 지(者) 업더라. 틱쉬(太守) 홀 길 업셔 다만 뎐픽(殿牌)을 뫼시고 나아와 ᄭᅮ지져 왈,

"이 무지(無知)ᄒᆞᆫ 도젹이 엇지 날 당ᄒᆞ리오? 니 비록 직죄 업스나 너의 무리ᄂᆞᆫ 죡히 두렵지 안니ᄒᆞ되 시운(時運)이 불니(不利)ᄒᆞ여 텬되(天道)이 진(盡)ᄒᆞ여시니 엇

---

159) 연봉장 : '션봉장'의 오기.

지 살기을 구ᄒ리오. 니 맛당이 ᄌ결(自決)ᄒ여 어진 귀신(鬼神)이나 되리라."

ᄒ고 ᄌ문이사(自刎而死)160)ᄒ니 원쉬 그 츙셩 닐ᄏ고 계양군을 모도와 진셰(陣勢)를 굿게 ᄒ고 빅셩을 안무(按撫)ᄒ여 즐기게 ᄒ며 유문졍으로 ᄒ여금 계양을 직희오고 군ᄉ를 조발(調發)ᄒ여 파줘셩을 칠시 일 합(一合)의 항복 밧고 크게 북을 울여 군ᄉ을 졈고(點考)ᄒ니 졍병(精兵)이 삼십만이라. 쥬 원쉬 긔운을 가다듬아 군ᄉ를 쉬오고 대연(大宴)을 비셜(排設)ᄒ여 즐길시 원쉬 위연(喟然)이 뉴긔를 도라보아 왈,

"니 어려셔 스승의 냥휵(養慉)ᄒ 은혜을 닙고 이졔 몸이 대원슈(大元帥)의 거(居)ᄒ미 스승을 쳥(請)ᄒ여 ᄒ가지로 놀니라."

ᄒ고 즉시 ᄉ름을 보니여 쳥ᄒ미 쥬과(酒果)을 나아와 셔로 권ᄒ니 그 은근ᄒ 졍이 관숙(慣熟)ᄒ더라. 원쉬 슐이 디취(大醉)ᄒ여 셔안(書案)을 의지ᄒ고 잠이 깁히 드럿는지라. 그 스승이 원슈의 겻히 안져 원슈의 잠들믈 보고 싱각ᄒ되,

---

160) 자문이사(自刎而死) : 스스로 목을 베거나 찔러서 죽음.

'늬 원슈로 더부러 슈십연(數十年)을 동거(同居)ᄒ
〈18b〉 여스나 어려셔붓허 왼손 펴 온 양을 보지 못ᄒ여
더니 오날날 보지 못ᄒ면 어ᄂᆡ 날 만나리오?'

ᄒ고 가마니 그 손을 펴 보니 블근 ᄌᆞ로 써시되 '딕명
쳔ᄌᆞ(大明天子)'라 하엿거ᄂᆞᆯ 크게 놀나 그 손을 도로 닷
고 안젓더니 원쉬 잠을 ᄭᆡ여 니러안지며 눈셥을 찡기고
왈,

"ᄉᆞ뷔(師傅) 나을 ᄉᆞ랑ᄒ여 친ᄌᆞ(親子)갓치 혜으리니
틱산(泰山) 갓튼 은혜(恩惠)을 일시(一時)들 엇지 이즈리
오만은 소직 이제 쳔ᄒᆞ(天下)을 졍(定)ᄒ고 딕업(大業)을
니룬 후 그 은공(恩功)을 갑흐랴 ᄒ여더니 ᄉᆞ뷔(師傅) 그
ᄯᆞᆺ즐 아지 못ᄒ고 ᄂᆡ의 손을 펴 텬긔(天機)을 누셜(漏泄)
ᄒ니 엇지 ᄉᆞ졍(私情)이 온젼ᄒ리오? 텬ᄒᆞ(天下)을 위ᄒᆞ
ᄂᆞᆫ ᄌᆞᄂᆞᆫ 불고부뫼(不顧父母)라 ᄒ여스니 닉 이졔 ᄉᆞ부을
죽여 누셜ᄒᆞᄂᆞᆫ 긔운을 업시코ᄌᆞ ᄒᆞᄂᆞ니 복망(伏望) ᄉᆞ부
은 나을 원(怨)치 마르소셔. 반다시 왕예(王禮)로 장ᄉᆞ
(葬事)을 지닉고 ᄉᆞ시향화(四時香火)을 ᄭᆞᆫ치지 아니ᄒ리
이다."

ᄒ고 눈물을 흘리며 무사(武士)을 명(命)ᄒ어 그 미리
을 버혀 ᄒᆞ늘게 졔(祭)ᄒ고 왕예(王禮)로 안장(安葬)ᄒᆞ니
라.

차셜(且說). 관셔 틱슈 니연횡이 쟝졸(將卒)을 거느려 셩밧게 나아와 격셔(檄書)을 젼ᄒ거늘 써여보니 ᄒ여스되,

'관셔 틱슈 니연횡은 삼가 글월을 닥거 쥬 원슈 좌하(座下)의 올니옵ᄂ니 소관(小官)이 비록 일방(一方)을 즉희여 식녹지신(食祿之臣)이 되엿시나 실노 당(唐)을 셤겻ᄂ지라. 무도(無道)ᄒᆫ 원졔(元帝) 셤기을 붓그려 ᄒ더니 니졔 쟝군(將軍)의 의병(義兵)니 이르시니 소관(小官)이 고을〈19a〉을 밧치ᄂ니 쟝군은 합병(合兵)ᄒ여 텬하을 도모(圖謀)ᄒᆷ이 엇더ᄒ뇨?'

ᄒ엿더라. 뉴긔 남필(覽畢)의 대희(大喜)ᄒ여 듀 원슈을 뵈고 연횡을 맛ᄌᄃ리니 열릅(列邑) 쟝졸(將卒)이 구룸 뫼듯 ᄒ더라. 원쉬 대군을 거느려 힝홀ᄉᆡ 니연횡으로 표긔쟝군(驃騎將軍)을 슴아 군ᄉ을 거느려 힝ᄒ라 ᄒ고 뉴긔와 유문졍으로 후군(後軍)을 거느려 쟝안(長安)으로 향ᄒ니 졍긔폐일(旌旗蔽日)[161]ᄒ고 검극(劍戟)이 셔리 갓더라. 소과의 망풍귀슌(望風歸順)[162]ᄒᄂ지라.

---

161) 졍긔폐일(旌旗蔽日) : 군대의 깃발이 해를 가릴 정도로 군사의 수가 많음을 의미함.

각셜(却說). 원(元) 황졔(皇帝) 날마다 풍악(風樂)을 갓초고 가는 허리로 츔츄이며 졍ᄉ(政事) 도라보지 아니ᄒ니 텬하(天下) 인심(人心)이 흉흉(凶凶)ᄒ여 난시(亂時)을 기다리더라. 이ᄯᅢ 쳥쥬 ᄌᄉ 김연이 표(表)을 올여시니 ᄒ여시되,

'남방(南方)으로 일홈 업은 도젹이 빅만ᄃᆡ병을 거ᄂ려 남방 칠십여 셩(七十餘城)을 쳐 항복 밧고 이졔 쟝안(長安)으로 향ᄒ니 그 형셰(形勢) 가쟝 큰지라. 복망(伏望) 폐하(陛下)ᄂ ᄃᆡ군을 급히 보ᄂᆡ여 도젹을 소멸(消滅)ᄒ소셔.'

ᄒ엿더라. 황졔(皇帝) ᄃᆡ경(大驚)ᄒ여 만조(滿朝)을 모호고 도젹 막을 계교(計巧)을 의논ᄒ니 문득 일닌(一人)이 츌반쥬왈(出班奏曰),

"신(臣)이 비록 무ᄌᆡ(無才)ᄒ오나 일지병(一枝兵)163) 빌니시면 도젹을 파(破)ᄒ여 폐하(陛下)의 근심을 덜니ᅵᄃᆞ."

ᄒ거늘 모다 보니 병부샹셔(兵部尙書) ᄒ츙국니라.

---

162) 망풍귀순(望風歸順) : 멀리서 바라보고 귀순함.
163) 일지병(一枝兵) : 한 무리의 병사.

황제(皇帝) 디희ᄒ여 츙국으로 대원슈(大元帥)을 삼고 남셩으로 부원슈(副元帥)을 삼고 최덕명으로 양초(糧草)을 슈운(輸運)ᄒ게 ᄒ고 연평덕으로 도셩(都城)을 즉히 오〈19b〉고 황제 친졍(親征)ᄒᆞᆯ시 양양(揚揚) 병(兵)을 닐회여 힝군(行軍)ᄒ니 장시(將士) 쳔여원(千餘員)이오 졍병(精兵)이 빅만(百萬)이라. 호호탕탕(浩浩蕩蕩)이 힝군(行軍)ᄒ여 년쥬ᄯᅠ히 니르니 당 원쉬 니졍을 거ᄂᆞ리고 뉵화진(六花陣)을 쳣ᄂᆞᆫ지라. 츙국이 나아가 디즐왈(大叱曰),

"네 엇던 도젹이완디 감이 즁원(中原)을 범(犯)ᄒ여 빅셩을 뇨란케 구ᄂᆞᆫ다? 밧비 나와 닉 칼을 바드라."

니졍이 디즐왈(大叱曰),

"나는 니졍 장군이라. ᄒᆞᄂᆞ리 우리 댱 원슈을 닉스 늘노 ᄒ여금 무도(無道)ᄒᆞᆫ 원제(元帝)을 멸(滅)ᄒ고 도탄(塗炭)의 든 빅셩을 건지고자 ᄒᆞᄂᆞ니 셜이 나와 즈웅(雌雄)을 결(結)ᄒ라."

ᄒ고 마즈 싸화 십여 합(十餘合)의 니졍이 도라와 뉵졍뉵갑(六丁六甲) 신장(神將) 버려 진셰(陣勢)을 웅장(雄壯)이 ᄒ고 니졍이 황금 투구의 슈은갑(水銀甲)을 닙고 쳥총마(靑驄馬)을 타시며 장창(長槍)을 빗기 들고 진젼(陣前)의 나와 싸홈을 도도니 원졔(元帝) 디로(大怒)ᄒ여

부장(副將) 남성으로 싸호라 흔딕 남성이 정창츌마(挺槍出馬)164)ᄒ여 교젼(交戰) 십 합의 니졍의 칼 니는 곳의 남성의 머리 마ᄒ(馬下)의 나려지는지라. 니졍이 창긋헤 쎼여 들고 좌츙우돌(左衝右突)ᄒ니 원(元) 진즁(陣中)의셔 표긔쟝군 츙방이 남성의 죽으믈 보고 대로(大怒)ᄒ여 화극(畫戟)을 들고 니다라 니졍으로 더브러 교젼(交戰) 칠십여 합의 불분승부(不分勝負)러니 츙방이 힘을 다ᄒ여 칼을 날여 니졍의 가슴을 지르니 니졍이 소소이 피ᄒ며 창을 드러 방의 머리을 질너 마 〈20a〉 ᄒ의 나려지는지라. 원진(元陣) 쟝졸(將卒)리 황겁(惶怯)ᄒ여 싸홀 마음이 업는지라. 니졍이 의긔양양(意氣揚揚)ᄒ여 대호왈(大呼曰),

"나을 딕젹(對敵)홀 지 잇거든 섈니 나와 싸호라."

ᄒ며 진젼(陣前)의셔 횡힝(橫行)ᄒ더니 니윽고 호통 소릭 나며 흔 장쉬 니드라 대호왈(大呼曰),

"나는 원국딕쟝(元國大將) 산호라. 오날날 츙방의 원슈(怨讎)을 갑흐리라."

ᄒ고 니드르니 니졍이 소왈(笑曰),

164) 졍창츌마(挺槍出馬) : 창을 빼 들고 말을 달려 나감.

"어린ᄋ희 큰말을 ᄒ니 가히 우읍도ᄃ."

ᄒ고 ᄆᄌ 쓰호더니 슈합(數合)이 못ᄒ여 니졍의 칼이 빗ᄂ며 산호의 머리 ᄂ려지ᄂ지라. 니졍이 크게 웨여 왈,

"원졔(元帝)ᄂ 무죄(無罪)ᄒ 장슈(將帥)만 죽이지 말고 셜니 나와 항복ᄒ라."

ᄒ니 원 황졔 디로ᄒ여 즉시 대원슈 한츙국을 블너 왈,

"이졔 젹셰(敵勢) 강셩(強盛)ᄒ여 명장(名將) ᄉ인(四人)165)니 죽은지라. 엇지 분ᄒ(憤恨)치 아니ᄒ리오? 경(卿)이 ᄒ번 나아가 니졍의 머리을 버혀 오면 쳔ᄒ(天下)을 반분(半分)ᄒ리라."

츙국니 대왈(對曰),

"신(臣)의 직죄 박미(薄微)ᄒ오나 오날 쓰홈의 ᄉ장

---

165) ᄉ인(四人) : 내용상 이정에게 죽임을 당한 장수는 부원수 남성, 표기장군 츙방, 대장군 산호까지 세 명임. 원래는 네 명이었으나 경판본으로 옮겨지는 과정에서 세 명만 등장시키게 되며 발생한 오류로 추정됨. 아래의 ᄉ장(四將)과 함께 현대역에서는 각각 '삼인(三人)', '세 장수'로 고쳐 번역했음을 밝혀 둠.

(四將)의 원슈(怨讎)을 갑흐리니 폐하(陛下)는 근심치 마르소셔."

ᄒᆞ고 엄신갑(掩身甲)의 황금 투구을 쓰고 쳘니ᄃᆡ완마(千里大宛馬)을 탓시며 ᄃᆡ도(大刀)을 들고 방포일셩(放砲一聲)166)의 고함(高喊)ᄒᆞ고 진문(陣門)의 나와 웨여 왈,

"필부(匹夫) 니졍는 ᄲᆞᆯ니 나와 니 칼을 바드라. 네 머리을 버혀 황상(皇上)의 근심을 덜니라."

ᄒᆞ고 쓰홈를 ᄌᆡ촉ᄒᆞ니 니졍이 ᄃᆡ로왈(大怒曰),

"네 무삼 지죄 닛관ᄃᆡ ⟨20b⟩ 감히 큰말 ᄒᆞ는ᄃᆞ?"

ᄒᆞ고 ᄆᆞᆺ 쓰화 삼십여 합의 이르미 츙국의 칼 쓰는 법이 졈졈 무광(無光)ᄒᆞ지라. 황졔 힝여 실슈할가 져어 ᄒᆞ여 징을 쳐 군을 부르니라. 니졍이 ᄯᅩ르고져 ᄒᆞ나 날이 져문지라 본진(本陣)의 도라와 댱 원슈긔 고왈(告曰),

"명일(明日) 쓰홈에는 당당이 츙국을 버혀 오리이다."

ᄒᆞ니 원쉬 왈,

"츙국은 범상(凡常)흔 장쉬 아니니 삼가고 경젹(輕敵)지 말나."

---

166) 방포일성(放砲一聲) : 포 쏘는 소리.

ᄒ고 각진(各陣)의 결영(傳令)ᄒ여 밤에 잠을 돌녀 ᄌ게 ᄒ여더니 밤이 깁흔 후의 튱국의 아오 튱철이 군ᄉ을 거ᄂ리고 가마니 이르러 군ᄉ을 무슈이 죽이거늘 빅운현이 벽역(霹靂) ᄀᆺ흔 소리을 지르며 튱철 ᄆᆞᄌ 엄살(掩殺)ᄒ니 뇌고(雷鼓) 함셩(喊聲)이 텬지(天地) 진동(震動)ᄒ더라. 니졍이 분노ᄒ여 말을 타고 ᄂㅣ다라 쏘홀시 일합의 튱철을 버히고 승승장구(乘勝長驅)ᄒ여 원진(元陣)을 튱돌(衝突)ᄒ니 튱국이 유문방 유경방을 거ᄂ리고 마ᄌ 싸화 오십여 합의 니르미 니졍의 칼이 이ᄂᆞ 곳의 냥장(兩將)의 머리 츄풍낙엽(秋風落葉) ᄀᆺ흔지라. 원진(元陣) 장졸이 크게 황겁(惶怯)ᄒ여 싸호지 못ᄒ거늘 원졔(元帝) 넉슬 닐코 말을 못ᄒ다가 졔장(諸將)을 도라보아 왈,

"짐(朕)의 군시 빅만이오 장시 쳔여원(千餘員)이오되 져 조고만 도젹을 당치 못ᄒ여 녜긔(銳氣) 최찰ᄒ니 누구을 밋고 ᄉ직(社稷)을 안보(安保)ᄒ리오?"

만됴즁(滿朝中)의 일인(一人)이 쥬왈(奏曰),

"신(臣)이 ᄒ번 나아 〈21a〉 가 댱빅과 니졍의 머리 버혀 쳔ᄒ(天下)을 평정(平定)ᄒ고 폐ᄒ(陛下)의 근심을 덜이이ᄃ."

모다 보니 병ᄆᆞ도총ᄉ(兵馬都摠使) 권횡이라. 말게 올나 ᄂㅣ드르며 대호왈(大呼曰),

"네 조고만 도적이 감이 대국(大國)을 항거(抗拒)코ᄌ
ᄒ는다. 나의 칼이 ᄉ정이 업ᄂ니 목을 늘히여 닉 칼을
바드라."

ᄒ거늘 니졍이 소왈(笑曰),

"어린 기아지 밍호(猛虎)을 모르미로ᄃ."

ᄒ고 ᄊ홀ᄉ 권횡이 진언(眞言)을 염(念)ᄒ더니 무슈
(無數)ᄒ 신병(神兵)이 달여드러 군ᄉ을 슐히ᄒ니 졍이
위틱ᄒ지라. 댱 원쉬 그 거동(擧動)을 보고 놀나 닉ᄃ라
크게 호통ᄒ며 쳘장(鐵杖)을 드러 귀졸(鬼卒)을 쓰레 바
리고 권횡과 마ᄌ ᄊ화 칠십여 합의 이르미 뒤에는 니졍
이오 좌우(左右)는 빅운단 삼형졔(三兄弟)라. 일시(一時)
의 협공(挾攻)ᄒ니 죽엄이 뫼 갓고 피 흘너 닉이 되엿더
라. 권횡이 딕젹(對敵)지 못ᄒ여 ᄯ더니 댱 원슈의 칼리
번듯ᄒ며 횡의 머리 검광(劍光)을 쫏ᄎ ᄯ러지니 니졍이
창곳히 ᄭ여 들고 좌우츙돌(左右衝突)ᄒ며 대호왈(大呼
曰),

"원졔(元帝)는 무죄(無罪)ᄒ 쟝졸(將卒)만 죽이지 말
고 샬니 나와 항복ᄒ라."

ᄒ니 원졔(元帝) 황황망조(遑遑罔措)ᄒ어 아모리 홀
쥴 모로고 약간 남은 군ᄉ 거두어 진(陣) 치고 나지 아니
ᄒ더니 즁셔령(中書令) 최감이 쥬왈(奏曰),

"난듸업는 적병이 황셩(皇城)의 드러와 위(位)을 아스며 십만 병(十萬兵)을 거느려 이곳으로 온다 ᄒᆞ니 폐히 그 젹군(敵軍)을 엇지 감당ᄒᆞ리잇고? 찰ᄒᆞ리 댱븩의게 항복ᄒᆞ여 목슘을 보젼홀만 갓지 못ᄒᆞ〈21b〉도소이다."

원제(元帝) 이 말을 드르미 혼븩(魂魄)이 비월(飛越)[167]ᄒᆞ여 아모 말도 못ᄒᆞ다가 통곡왈(慟哭曰),

"짐(朕)이 박덕(薄德)ᄒᆞ므로 종ᄉᆞ(宗社)을 보젼(保全)치 못ᄒᆞ니 ᄒᆞ늘이 망(亡)케 ᄒᆞ시미라."

ᄒᆞ고 옥시(玉璽)을 봉(封)ᄒᆞ여 목의 걸고 연쥬 거리의 항복ᄒᆞ니 댱 원쉬 옥시을 가지고 원제을 ᄭᅮ지져 왈,

"그듸 포학(暴虐)ᄒᆞ여 국졍(國政)을 ᄃᆞᄉᆞ리지 못ᄒᆞ미 엇지 ᄒᆞ늘이 무심(無心)ᄒᆞ리오? 이러무로 그 죄(罪)을 면치 못ᄒᆞ리니 맛당이 져ᄌᆞ에 바릴 거시로듸 십분(十分) 안셔(安舒)ᄒᆞ고 안평공을 봉(封)ᄒᆞ노라."

ᄒᆞ고 ᄒᆞᆫ가지로 좌(座)을 졍ᄒᆞ여 말씀ᄒᆞ며 듸연(大宴) 븨셜(排設)ᄒᆞ여 삼군(三軍)을 상ᄉᆞ(償賜)ᄒᆞ며 븩셩을 안무(按撫)ᄒᆞ고 장안(長安)으로 향코즈 ᄒᆞ더라.

각셜(却說). 듀 원쉬 계양을 파(破)ᄒᆞ고 군ᄉᆞ을 어드

---

167) 비월(飛越) : 너무 놀라 정신을 차릴 수 없는 상태.

민 삼십만 병(三十萬兵)이라. 바로 장안을 향ᄒᆞ민 지나는 바의 디적ᄒᆞᆯ 리 없고 길을 여러 영졉(迎接)ᄒᆞ니 물미 듯 남경 칠십여 셩(七十餘城)을 항복 밧고 예쥬의 니르러 군ᄉᆞ 쉬오더니 문득 드르니 연쥬 ᄯᅡ헤 젹병이 강셩ᄒᆞ민 원 황졔 친졍(親征)ᄒᆞ고 황셩이 뷔엿다 ᄒᆞ거늘 듀 원쉬 디희ᄒᆞ여 급히 군ᄉᆞ을 모라 장안으로 드러가니 셩즁 빅셩이 다 피란ᄒᆞ고 무을 지 업더라. 일 합(一合)의 연평덕을 쥭이고 궁즁(宮中)의 드러가 황후(皇后)와 비빙(妃嬪)을 잡아 원참ᄒᆞ고 미여(美女) 옥빅(玉帛)을 츄호(秋毫)도 범(犯)치 아니ᄒᆞ며 먼져 ○○○○ 맛기고 방 븟쳐 빅셩을 안무ᄒᆞ고 디ᄉᆞ텬ᄒᆞ(大赦天下)[168]ᄒᆞ며 허다(許多) 장졸〈22a〉을 모호고 크게 잔치ᄒᆞ며 연쥬 도젹 파ᄒᆞᆯ 묘쳑을 의논ᄒᆞ니 졔장이 고왈(告曰),

"소장(小將) 등이 쥬장(朱將) 좃ᄎ 시셕(矢石)을 무릅쓰고 풍진즁고초(風塵中苦楚)을 혀ᄋᆞ리지 아니ᄒᆞ여 이곳의 드러오믄 원쉬 대업(大業)을 일운 후 봉작(封爵)을 바라미러니 니졔 원쉬 먼져 장안(長安)의 드러오ᄉᆞ 발셔 덕틱(德澤)이 ᄉᆞ방(四方)의 밋쳐ᄉᆞ며 빅셩이 낙업(樂業)

---

[168] 대사천하(大赦天下): 온 나라의 죄인을 사면(赦免)한다는 뜻.

ᄒᆞ니 맛당이 황졔(皇帝) 위(位)의 나아가샤 텬하(天下)를 평졍(平定)케 ᄒᆞ소셔."

원쉬 올히 넉겨 대위(大位)의 즉(卽)ᄒᆞ니 이ᄯᅢ은 무신(戊申) 츄구월(秋九月) 갑ᄌᆞ일(甲子日)니라. 모든 신하 일시의 무릅흘 꿇어 만셰(萬歲)을 부르고 국호(國號)을 대명(大明)이라 ᄒᆞ며 연호(年號)을 홍무(洪武)라 ᄒᆞ다. 상(上)이 황극뎐(皇極殿)의 어좌(御座)ᄒᆞ시고 졔신(諸臣)의 벼슬을 도도실ᄉᆡ 뉴기로 좌승상(左丞相)을 삼고 뉴문졍으로 병부상셔(兵部尙書)을 삼으며 기여(其餘) 장졸(將卒)은 ᄎᆞ례로 봉작(封爵)을 ᄒᆞ니시고 대연(大宴)을 비셜(排設)ᄒᆞ여 즐기니라. 좌승상 뉴기 쥬왈(奏曰),

"연쥬 병이 원졔(元帝)을 항복 밧고 옥시(玉璽)을 가져시니 이졔은 족히 근심홀 빅 업거이와 필연(必然) 댱빅이 분(忿)ᄒᆞᆫ 마음이 딕발(大發)ᄒᆞ여 쥭기로셔 ᄊᆞ호리니 급히 졍병(精兵)을 발ᄒᆞ여 잔병(殘兵)을 소멸(消滅)ᄒᆞ고 딕보(大寶)169)을 ᄎᆞ지소셔."

상이 올히 넉여 뉴문졍으로 졍병 빅만을 거ᄂᆞ려 연쥬 병를 파(破)ᄒᆞ라 ᄒᆞ시니 문졍이 봉명(奉命)ᄒᆞ고 즉일(卽

---

169) 대보(大寶): 임금의 도장인 옥새를 말함.

日) 발힝(發行)ㅎ니라. 예부상셔(禮部尙書) 호젼이 쥬왈(奏曰),

"폐히(陛下) 텬명(天命)을 밧즈와 만승지위(萬乘之位)의 거(居)ㅎ오시니 텬ㅎ 빅셩이 막불흠탄(莫不欽歎)[170] 〈22b〉이오나 다만 닉젼(內殿)이 공허(空虛)ㅎ오니 복망(伏望) 폐ㅎ은 황후(皇后)을 간퇵(揀擇)ㅎ샤 빅셩의 바라믈 져바리지 마르소셔."

상이 우연탄왈(偶然歎曰),[171]

"짐(朕)이 당초(當初) 스방(四方)으로 유리(流離)홀 씨의 우연이 되셩사의셔 흔 소져(小姐)을 만나니 이는 능쥬 댱 승상의 녀이(女兒)라. 인물이 비범(非凡)ㅎ기로 일후(日後) 추즐 언약(言約)을 졍ㅎ지라. 이제 그 소져을 추즈 황후(皇后)를 봉(封)ㅎ미 조흘가 ㅎ노라."

ㅎ고 녜관(禮官)을 명(命)ㅎ여 위의(威儀)를 갓초고 셔간(書柬)을 닷가 댱 소졔의게 보닉니라.

각셜(却說). 댱 소졔 니부(李府)의 잇셔 일신(一身)은

---

170) 막불흠탄(莫不欽歎) : 모두 흠모하여 감탄하지 않는 이가 없음.

171) 우연탄왈(偶然歎曰) : 어떤 일이 뜻하지 않게 저절로 이루어져 공교로워하며 말함.

안한(安閑)ᄒ나 쥬야(晝夜) 댱빅을 싱각ᄒ고 눈물이 마를 날이 업스믹 부인이 믹양 위로ᄒ여 세월을 보닉더니 계양 짜의 젹병(敵兵)이 이러나믈 듯고 당초(當初) 쥬싱의 이르던 말을 싱각ᄒ믹 필연(必然) 그 ᄉ람이 긔군(起軍)흔가 ᄒ고 긔약(期約)과 갓치 찻기을 기드리나 풍진(風塵)이 요란ᄒ므로 닉ᄉ(來事)를 아지 못ᄒ여 텬의(天意)만 바라고 광음(光陰)을 보닉더니 일일(一日)은 밧긔 들네는 소릭 나며 닉 부인이 급히 드러와 소제을 보고 황졔(皇帝)의 셔간(書柬)이 이르럿다 ᄒ거늘 소제 의아(疑訝)ᄒ여 도라보지 아니ᄒ더니 문득 부러진 봉치(鳳釵)를 보믹 즈긔 신물(信物)인 쥴 알고 ᄶᅥ혀 보니 ᄒ여시되,

'딕명(大明) 황졔(皇帝) 쥬원장은 삼가 글월을 닷가 당소졔 좌(座)ᄒ의 올니ᄂᆞ이 ᄒᄂᆞ이 ᄉ람을 닉시믹 다 각기 님ᄌ 잇은지라. 짐(朕)이 본딕 조션 ᄉ람으로 미쳔(微賤)ᄒ믈 면치 못ᄒ여 혈 〈23a〉 혈단신(孑孑單身)으로 사방(四方)의 유리(流離)ᄒ다가 우연히 딕셩사의셔 소져을 만나 창졸간(倉卒間)의 봉치(鳳釵)을 ᄶᅥ거 언약(言約)을 졍ᄒ니 소져의 쳔금지보(千金之寶)로써 짐이 츄루(醜陋)ᄒ믈 ᄭᅥ리지 아니ᄒ고 언약을 허(許)ᄒ시니 은혜(恩惠) 망극(罔極)ᄒ지라. 셔로 니별흔 후로 ᄌ연 구홀 ᄉ람

을 만나 먼져 계양의 긔군(起軍)ᄒ여 계양을 항복 밧고 지나는 바의 망풍귀슌(望風歸順)ᄒ니 졍병(精兵)이 빅만(百萬)이오 대갑(大甲)이 슈십만(數十萬)이라. ᄒᆞᆫ 번 북쳐 남경(南京) 칠십여 셩(七十餘城)을 항복 바드니 일홈이 사ᄒᆡ(四海)의 진동(震動)ᄒᆞᆷᄋᆡ 슌식간(瞬息間)의 장안(長安)의 드러오ᄆᆡ 조졍(朝廷)의 젼(傳)ᄒᄆᆞ로 쳔자(天子) 위(位)의 즉(卽)ᄒ여시나 다만 옥시(玉璽)을 찻지 못ᄒ고 겸(兼)ᄒ여 ᄂᆡ젼(內殿)이 공허(空虛)ᄒ여시니 만일 언약(言約)을 져바리지 안일진ᄃᆡ ᄂᆡ 부인을 뫼시고 황셩(皇城)의 도라오믈 바라노라.'

ᄒ엿더라. 소졔 남필(覽畢)의 불승황홀(不勝恍惚)ᄒ여 ᄂᆡ 부인을 뫼시고 황금연(黃金輦)의 올나 황셩(皇城)으로 향ᄒᆞᆯ시 빅만 ᄃᆡ병이 젼후(前後)의 옹위(擁衛)ᄒ고 쌍쌍(雙雙)ᄒᆞᆫ 시녀(侍女)들은 좌우(左右)의 시위(侍衛)ᄒᆞ며 녜관(禮官)ᄂᆞᆫ 뒤흘 ᄯᆞ르고 니원풍악(梨園風樂)은 원근(遠近)의 ᄉᆞ못치니 관광쟈(觀光者) 도로(道路)의 가득ᄒ더라. ᄒᆡᆼᄒ여 궐ᄂᆡ(闕內)의 드러가니 상(上)이 곤용포(袞龍袍)의 통텬관(通天冠)을 쓰고 셔로 초녜(醮禮)[172]

---

172) 초례(醮禮) : 혼례식.

을 맛친 후의 좌(座)을 정ᄒ니 황졔(皇帝)의 쌍셩(雙星) 곤뇽포(袞龍袍)와 소졔의 만보(萬寶) 명월픽(明月牌)로 〈23b〉 엇지 디셩사 법당(法堂)의셔 만나믈 비기리오. 일변(一邊) 별궁(別宮)을 졍ᄒ여 니 부인를 머물게 ᄒ고 만조빅관(滿朝百官)을 모화 황후(皇后) 봉(封)ᄒᄂ 진하(進賀)을 마치미 걸인 삼빅여 명를 각각 봉작(封爵)ᄒ니라.

지셜(再說). 댱 원슈 황셩(皇城) 일흠을 분노(忿怒)ᄒ여 바로 장안(長安)을 짓바라 치고져 ᄒ더니 발셔 듀 원슈 '대명 황졔'라 ᄒ고 졍병 빅만을 보ᄂ여 년쥬로 나려온다 ᄒ거늘 원쉬 대로ᄒ여 니졍으로 부장(副將) 숨아 팔문금쇄진(八門金鎖陣)을 치고 명진(明陣)을 기다리더니 오ᄅ지 아니ᄒ여 명진이 이르러 싸홈을 도도니 니졍이 분노ᄒ여 딕즐왈(大叱曰),

"우리 의병(義兵)을 일희어 무도(無道)ᄒ 원졔(元帝)을 항복 밧고 옥식(玉璽)을 바드스니 니ᄂ ᄒᄂ리 쥬시미어늘 너ᄂ 엇던 무리완디 부졀업시 텬위(天爲)[173]을 항거(抗拒)ᄒ니 쥭기을 지쵹ᄒ거든 ᄲᆞᆯ니 나와 니 칼을 바드라."

---

173) 천위(天爲) : 하늘이 하는 일, 하늘의 작용을 말함.

ᄒᆞ고 늬드르니 병부상셔(兵部尙書) 유문졍이 대로(大怒)ᄒᆞ여 쑤지져 왈,

"우리 황상(皇上)이 텬시(天時)을 응(應)ᄒᆞ여 의병(義兵)을 일희미 남경 칠십여 셩을 항복 밧고 먼져 장안의 드러와 빅셩을 안무(按撫)ᄒᆞ고 닌심(人心)을 진졍(鎭定)ᄒᆞ여시니 니른바, '션닙졍관즁(先入定關中)'이라. 네 아모리 옥시을 취(取)ᄒᆞ여시나 반ᄃᆞ시 진텬ᄌᆞ(眞天子)게 드려 공명(功名)을 어들 거시여늘 네 당돌ᄒᆞᆫ 마음으로 텬병(天兵)을 항거ᄒᆞ니 엇지 텬되(天道) 무심(無心)ᄒᆞ리오?"

ᄒᆞ고 마ᄌᆞ 쓰화 십여 〈24a〉 합의 이르미 빅운현이 문졍의 탄 마을 질너 업지ᄅᆞ니 문졍은 만부부당지용(萬夫不當之勇)이라. ᄆᆞ상(馬上)의셔 몸을 날려 ᄯᅱ여 ᄃᆞ라나거늘 빅운현이 몸을 날려 급히 ᄯᆞ르니 명진(明陣) 즁의셔 일원(一員) 디장(大將)이 급히 나오며 왈,

"젹장(敵將)은 나의 형을 히치 말ᄂᆞ."

ᄒᆞ고 ᄃᆞ라드니 이ᄂᆞᆫ 문졍의 아오 문경이라. 현을 마ᄌᆞ 이십여 합을 쓰호되 승뷔(勝負) 업더니 현이 ᄒᆞᆫ소리 지ᄅᆞ고 문셩을 질너 ᄆᆞ하(馬下)의 나리지니 문졍이 그 ᄋᆞ오 죽ᄂᆞᆫ 양을 보고 분노(忿怒)ᄒᆞ여 션봉장(先鋒將) 홍용의 말을 아ᄉᆞ 타고 바로 현를 취ᄒᆞ니 운현이 마ᄌᆞ 쓰

화 칠십여 합의 불분승뷔(不分勝負)러니 문경의 형 뉴방이 장되(將臺)의셔 양진(兩陣) 승픠(勝敗)을 보드가 문경의 죽는 양을 보고 분노(忿怒)흔 즁의 문경이 쪼흔 위틱(危殆)흔지라. 즉시 좌장군(左將軍) 유문타와 총독(總督) 니경틱을 명(命)ᄒ여 운현으로 더브러 삼십여 합을 쓰호더니 문경의 칼이 빗ᄂ며 현의 머리 ᄆᄒ(馬下)의 나려지거늘 빅운션이 졔 ᄋᆞ오 죽는 양을 보고 통곡(慟哭)ᄒ며 형졔 일시(一時)의 ᄂᆡ드라 쓰화 오십여 합의 문경이 말를 도로혀 본진(本陣)으로 도라가거늘 운단 형졔 더욱 분노ᄒ여 말을 치쳐 명진(明陣)으로 드러가니 문경은 간 딕업고 팔문금쇄진(八門金鎖陣)을 쳣시니 굿기 철통(鐵桶)갓ᄒ여 능히 헷칠 길이 업는지라. 두루 방황(彷徨)ᄒ더니 문득 〈24b〉 싱문(生門)을 ᄎᄌ 드러가며 좌우츙돌(左衝右突)ᄒ되 문경을 보지 못ᄒ더니 홀연 일셩포향(一聲砲響)의 일원(一員) 딕장(代將)이 팔쳑(八尺) 장검(長劍)을 들고 ᄂᆡ다르니 니는 션봉장 홍용이라. 운단 마즈 쓰화 삼 합이 못ᄒ여 단이 딕갈일셩(大喝一聲)[174]의 용을 베여 ᄂᆞ리치니 단이 형셰(形勢) 승승장구(乘勝長驅)

---

174) 대갈일성(大喝一聲) : 크게 외쳐 꾸짖는 한 마디 소리.

ㅎ여 짓쳐 드러가며 연ㅎ여 두 장슈을 버히니 명진(明
陣) 장딕(將臺)의셔 방포일셩의(放砲一聲) 함셩(喊聲)이
딕진(大振)ㅎ며 난딕업는 급흔 비와 모진 바람이 이러나
비스쥬셕(飛沙走石)175)ㅎ는지라. 운단 등이 졍신이 아
득ㅎ여 아모리 홀 줄을 모르고 ᄒᆞ늘을 우러러 탄식왈(歎
息曰),

"우리 삼형졔 니곳의셔 죽을이로다."

ㅎ고 졍신을 가다듬아 싱문(生門)을 찻더니 추시(此
時) 댱 원슈 장딕(將臺)의셔 보다가 운단 등 위틱(危殆)
ᄒᆞ믈 알고 급히 니연횡 니졍 등 불러 쳘긔(鐵騎) 삼쳔(三
千)을 거느리고 운단을 급히 구ᄒᆞ라 ᄒᆞ니 니장(二將)이
말게 올ᄂᆞ 명진(明陣)으로 향할ᄉᆡ 아장(亞將) 신긔로 뒤
흘 ᄯᆞ로라 ᄒᆞ고 일시(一時)의 명진을 츙돌(衝突)ᄒᆞ니 풍
우딕작(風雨大作)176)ᄒᆞ여 운단 등을 보지 못ᄒᆞᄂᆞᆫ지라.
댱 원쉬 그 뒤흘 ᄯᆞ르며 진언(眞言)을 염ᄒᆞ고 풍빅(風伯)
을 호령(號令)ᄒᆞ여 드러가니 문득 일긔(日氣) 명낭(明朗)

---

175) 비사주석(飛沙走石) : 모래가 날리고 돌멩이가 구른다는 뜻으로 세찬 바람을 말함.

176) 풍우대작(風雨大作) : 바람이 몹시 불고 비가 많이 쏟아짐.

ᄒᆞ여 ᄉᆞ면(四面)을 분간(分揀)ᄒᆞᄂᆞᆫ지라. 즉시 운단을 ᄎᆞᄌᆞ 합병(合兵)ᄒᆞ여 명진을 즛치니 명진 장졸이 황급ᄒᆞ여 항오(行伍)을 찰히지 못ᄒᆞ고 ᄉᆞ면(四面)으로 다라나니 니정이 〈25a〉 승승장구(乘勝長驅)ᄒᆞ여 연ᄒᆞ여 십여장(十餘將)을 버히고 신긔 ᄯᅩᄒᆞᆫ ᄃᆡ군을 모라 엄살(掩殺)ᄒᆞ니 명진의 ᄡᅡ홀 장쉬 적고 셔로 짓바라 죽는 지 무슈(無數)ᄒᆞ더라. 유문정이 정신을 찰혀 ᄉᆞ졸(士卒)을 졈고(點考)ᄒᆞ니 다만 삼쳔여병(三千餘兵)이라. 군ᄉᆡ 만히 죽고 픽(敗)ᄒᆞᆯ 근심하여 탄왈(歎曰),

"젹셰(敵勢) 강셩(强盛)ᄒᆞ여 위틱(危殆)ᄒᆞ미 죠셕(朝夕)의 잇스니 니을 장ᄎᆞᆺ 엇지ᄒᆞ리오?"

ᄒᆞ고 표(表)을 닷거 구완ᄒᆞᆯ 쥬달(奏達)ᄒᆞ니라.

ᄎᆞ시(此時) 명(明) 황졔(皇帝) 뉴문졍을 보닉시고 날노 쳡셔(捷書)을 기다리시더니 문득 표(表)을 보시고 대경(大驚)ᄒᆞᄉᆞ 즉시 승상(丞相) 유긔로 대원슈(大元帥)을 ᄒᆞ니시고 쳘긔(鐵騎) 빅만(百萬)을 조발(調發)ᄒᆞ여 뉴문졍을 도으라 ᄒᆞ시니 뉴 원쉬 ᄒᆞ즉(下直)ᄒᆞ고 군ᄉᆞ을 거ᄂᆞ려 문졍의 진(陣)의 이르니 문졍이 반겨 젹셰(敵勢) 강셩(强盛)ᄒᆞᆯ 이르고 당빅 잡기을 의논ᄒᆞᆯᄉᆡ 뉴긔 문졍다려 왈,

"이졔 젹병이 강셩ᄒᆞ여 졸연이 파(破)키 어려오니 ᄎᆞ

야(此夜)의 젹병이 잠들기을 기다려 그딕 삼만 병(三萬兵)을 거느려 젹진(敵陣) 우편(右便)을 치고 니덕요로 삼만 병 거느려 젹진 좌편(左便)을 치고 나은 삼만 병 거느려 젼면(前面)을 치면 졔 비록 용밍ᄒᆞ나 엇지 당ᄒᆞ리오?"

ᄒᆞ고 약속을 졍ᄒᆞ고 밤을 기다려 방포일성(放砲一聲)의 ᄉᆞ면(四面)으로 엄살(掩殺)ᄒᆞ니 젹장(敵將)이 불의지변(不意之變)을 만ᄂᆞ미 댱 원쉬 대경(大驚)ᄒᆞ여 급히 니졍을 불너 왈,

"앗가 텬문(天文)을 보니 승상(丞相)의 쥬셩(主星)이 살긔(殺氣)을 씌여 방위(方位) 써나스미 〈25b〉 젹병(敵兵)이 올 줄을 알되 엇지 이 갓ᄒᆞ리오?"

ᄒᆞ고 풍빅(風伯)를 불너 호령(號令)ᄒᆞ니 풍위(風雨) 대작(大作)ᄒᆞ며 벽역(霹靂)이 진동(震動)ᄒᆞ니 명진(明陣)이 도르여 황급(遑急)ᄒᆞ여 본진(本陣)으로 도라올시 뉴 원쉬 이장(二將)을 거느리고 짓쳐 드러가니 빅운단이 마즈 ᄊᆞ화 십 합이 못ᄒᆞ여 운단이 니덕요을 버히니 뉴긔 딕로ᄒᆞ여 바로 운단을 취ᄒᆞ니 니졍이 압흘 막아 뉴긔을 치니 뉴긔 당치 못ᄒᆞ여 본진(本陣)으로 도라오니 댱빅 니졍 등이 일시(一時)의 엄살(掩殺)ᄒᆞ며 유 문경을 싱금(生擒)ᄒᆞ여 가거늘 뉴긔 급히 본진으로 도라와 찰쥬(札駐)ᄒᆞ니라. 댱빅이 문경을 잡고 대희(大喜)ᄒᆞ여 못닉 즐

기더라. 댱빅이 쟝즁(帳中)의셔 조으더니 ᄉ몽간(思夢間)의 쳘관도ᄉ이 이르러 왈,

"너ᄃ려 니른 말을 엇지 이젓ᄂ뇨? 텬ᄌ(天子)은 곳 듀시(朱氏)여늘 네 비록 옥시(玉璽)을 어더시나 물망(物望)이 네게 잇지 아니커늘 공연(空然)이 민심(民心)만 소동(騷動)케 ᄒ니 엇지 히(害)을 면ᄒ리오? ᄒ물며 황후(皇后)은 너의 누의라. 골육샹젼(骨肉相戰)ᄒ믈 아지 못ᄒ니 엇지 흔심치 아니리오?"

ᄒ고 간ᄃ업ᄂ지라. 원쉬 그 말을 듯고 심히 고이 넉여 싱각ᄒ되,

'네게 과연 ᄌ미 잇더니 도적의게 잡히여 갓다가 욕(辱)을 볼가 ᄒ여 소샹강(瀟湘江)의 닉ᄉ(溺死)ᄒ 지 발셔 십연(十年)이라. 잇다감 싱각ᄒ여 ᄉ후(死後)나 만나믈 원ᄒ더니 니졔 션싱의 가로치시미 약ᄎ(若此)ᄒ시니 실노 고이ᄒ도ᄃ.'

ᄒ고 군즁(軍中)의 ᄒ령(下令)ᄒ여 군ᄉ을 〈26a〉 쉬오고 문졍을 잡아드러 셔안(書案)을 치며 ᄃ즐왈(大叱曰),

"네 발셔 원 황졔을 잡아 항복 밧고 옥시을 가졋거늘 네 거즛 황졔을 닉고 쳔병(天兵)을 항거ᄒ니 엇지 살기을 바라리오?"

문졍이 노즐왈(怒叱曰),

"우리 황상(皇上)이 셩신문무(聖神文武)ᄒᆞᄉᆞ 먼져 쟝안의 드러와 츄호(秋毫)을 범(犯)치 아니시고 대위(大位)의 올르시며 발셔 국호(國號)을 졍(定)ᄒᆞ시고 당시을 취ᄒᆞ여 황후을 봉(封)ᄒᆞ시니 구드미 반셕(盤石) 갓거늘 너ᄂᆞᆫ 부졀업슨 군ᄉᆞ을 일희여 만ᄃᆡ(萬代)의 더러온 소름이 되고즈 ᄒᆞᄂᆞ야? 샬니 쥭이지 무슴 말 ᄒᆞᄂᆞ요?"

 댱 원슈 디로ᄒᆞ여 즉시 쥭이고져 ᄒᆞ나 황후 당시란 말을 듯고 션싱의 말을 싱각ᄒᆞ며 노를 긋치고 아직 진즁(陣中)의 두더라.

 ᄌᆡ셜(再說). 뉴 원슈 문졍을 잡혀 보니고 분긔(憤氣)대발(大發)ᄒᆞᆫ 가온ᄃᆡ ᄉᆞ졸(士卒)이 틱반(太半)이나 죽고 쟝슈(將帥) 만이 쥭으믈 크게 근심ᄒᆞ여 만일 황졔 친졍(親征)치 아니시면 졸련(猝然)이 파키 어려온지라. 즉시 표(表)을 올여 친졍ᄒᆞ시믈 쥬(奏)ᄒᆞᆫᄃᆡ 상(上)이 표(表)을 보시고 ᄃᆡ경(大驚)ᄒᆞ사 만조빅관(滿朝百官)을 모호시고 친졍ᄒᆞ시믈 의논ᄒᆞ시며 크게 병(兵)을 조발(調發)ᄒᆞ여 틱일츌ᄉᆞ(擇日出師)[177]ᄒᆞ실ᄉᆡ 졍동쟝군(征東將軍) 님츙으로 도셩(都城)를 직히오고 황후긔 그ᄉᆞ이 안보(安保)

---

[177] 택일출사(擇日出師) : 날을 가려 군대를 이끌고 전쟁터로 나감.

ᄒᆞ믈 일ᄏᆞ라 왈,

"니졔 댱빅 도젹을 파치 못ᄒᆞ면 텬히 흉흉ᄒᆞ니 어ᄂᆞ 씨의 민심(民心)을 졍(定)ᄒᆞ리오? 이러므로 짐이 친〈26b〉졍코ᄌᆞ ᄒᆞ여 오날 젼쟝(戰場)의 나아가니 모로미 황후은 보즁(保重)ᄒᆞ소셔."

ᄒᆞ니 황후 쳥파(聽罷)의 댱빅이란 말을 듯고 셩명(姓名)니 익으을 의심ᄒᆞ여 ᄃᆡ왈(對曰),

"신쳡(臣妾)이 도젹의게 잡힐 씨의 즁노(中路)의셔 일코 ᄉᆞ싱(死生)을 아지 못하더니 이졔 댱빅이라 ᄒᆞ시는 말삼을 드르니 심이 반갑도소이다."

상이 이 말을 드르시고 심ᄒᆞ(心下)의 ᄌᆞ셔치 못ᄒᆞ믈 일너 왈,

"텬ᄒᆞ의 엇지 동셩명지(同姓名者) 업스리잇고?"

황후 눈물을 흘여 왈,

"댱빅의 진위(眞僞)을 아지 못ᄒᆞ니 ᄌᆞ셔이 알고져 홀진ᄃᆡ 비록 조졍(朝廷)의 우음이 되나 쳡이 ᄒᆞᆫ 번 젼쟝(戰場)의 나아가 그 얼골을 보면 ᄌᆞ연 짐작ᄒᆞ오리니 폐ᄒᆞ는 윤허(允許)ᄒᆞ소셔."

상이 황후의 비감(悲感)ᄒᆞ여 ᄒᆞ믈 보시고 말뉴(挽留)치 못ᄒᆞᆯᄉᆞ 후군쟝(後軍將) 위령으로 황후을 뫼시게 ᄒᆞ고 상이 스스로 대원쉬(大元帥) 되여 쳘긔(鐵騎) 빅만(百萬)

을 거느리고 힝군(行軍)ᄒ여 광능 셩ᄒ의 다다르니 뉴긔 나와 마ᄌ 셩즁(城中)의 뫼시고 복지쥬왈(伏地奏曰),[178]

"젹장 댱빅은 만부부당지용(萬夫不當之勇)이 이스오ᄆ
ᆡ 당헐 장쉬 업쓰와 표쥬(表奏)ᄒ여쓰오나 니졔 폐ᄒ
친졍(親征)ᄒ오시니 댱빅을 엇지 근심ᄒ리잇고?"

상이 가로스되,

"젼장(戰場)의 승부(勝負)는 녜ᄉ(例事)니 엇지 승상(丞相)의 허물이 잇스리오만은 니졔 황후 친힝(親行)ᄒ믄 젹장(敵將)의 셩명(姓名)을 의심ᄒ여 그 동졍(動靜)을 알고져 ᄒ미니 경(卿)은 무슴 계교(計巧)로 댱빅을 갓가이 유인(誘引)ᄒ리오?"

뉴긔 양구후(良久後) ⟨27a⟩ 왈,

"한픠공(漢沛公)이 항우(項羽)로 징봉(爭鋒)[179]헐 졔 홍문연(鴻門宴) 베풀고 영웅(英雄)이 구름 뫼듯 ᄒᆞᆫ 즁 항장의 칼이 속졀업시니 일노 보건ᄃᆡ 두려울 비 업거이와 니졔 셩즁의 잔치을 비셜(排設)ᄒ고 댱빅을 쳥ᄒ면 반다시 넘예 업사오리니 그 얼골 보아 그 스름 아니녀든 급

---

178) 복지주왈(伏地奏曰) : 땅에 엎드려 아뢴다는 뜻.
179) 쟁봉(爭鋒) : 창과 검으로 다툼.

히 병(兵)을 믹복(埋伏)ᄒ여다가 치면 당당히 픽ᄒ리니 복망(伏望) 폐ᄒᄂ는 이을 힝ᄒ소셔."

상이 올히 넉이스 즉시 격셔(檄書)을 닥가 댱빅의게 보닉니라.

ᄎ시(此時) 댱 원쉬 문졍을 진즁의 가도고 도ᄉ(道士)의 말을 싱각ᄒ여 안병부동(按兵不動)180)ᄒ고 ᄆ음이 번뇌(煩惱)ᄒ더니 믄득 명졔(明帝) 친(親)이 나려오믈 듯고 분긔(憤氣) 딕발(大發)ᄒ여 군ᄉ을 발코즈 ᄒ더니 명진(明陣)의셔 격셔(檄書) 이르거늘 ᄯ려혀 보니 ᄒ여시되,

'승샹(丞相) 유긔은 글월을 댱 원슈긔 젼ᄒᄂ니 우리ᄂ 남(南)으로 군ᄉ을 일희여고 쟝군은 셔(西)흐로 긔군(起軍)ᄒᄆ 텬ᄒ(天下) 명쟝(名將)이 좃기을 원ᄒᄂ지라. 무도(無道)ᄒ 원졔(元帝)을 닉치고 창업(創業)고즈 ᄒᄆ 피ᄎ일반(彼此一般)이나 ᄒ날리 먼져 진텬자(眞天子)을 되시계 ᄒ엿스니 실노 님즈 잇스믈 알거이와 금(今) 황졔(皇帝) 먼져 쟝안(長安)을 어드시니 그 공(功)이 크고 쟝군(將軍)은 옥시(玉璽)을 취ᄒ여시니 ᄯ호 큰 공이라.

---

180) 안병부동(按兵不動) : 진군하던 군사들을 멈추어 두고 움직이지 않는다는 뜻으로 모든 준비를 마치고 적절한 때를 기다림.

이러무로 황졔 대이(大義)을 싱각ᄒ시고 이곳의 딕연(大宴) 빅셜(排設)ᄒ여 모든 장졸(將卒)노 그 공을 표(表)코ᄌ ᄒᄂ니 장군이 만일 혐의(嫌疑)치 안일진딕 ᄒ번 이르러 즐기미 어더ᄒ요?'

댱 원쉬 남필(覽畢)의 졔장(諸將)과 의논왈(議論曰),

"명진(明陣)의셔 잔치을 빅셜ᄒ고 나을 쳥ᄒ니 무슨 흉계(凶計) 잇스믈 〈27b〉 아지 못ᄒᄂ 아니 가면 약(弱)ᄒ믈 뵈미라. 그러나 엇지 져을 두리리오?"

ᄒ고 니졍으로 군ᄉ을 거ᄂ려 뒤흘 ᄯᄅᄅ ᄒ고 명진의 니르이 유긔 진문(陣門)을 크게 열고 댱 원쉬 마ᄌ 드러가니 양진(兩陣)이 상합(相合)ᄒ미 살긔(殺氣) 츙텬(衝天)ᄒ더라. 명졔(明帝) 마ᄌ 동셔(東西)로 분좌(分座)ᄒ니라.

ᄎ시(此時) 황후 쥬렴(珠簾) ᄉ이로 ᄌ시 보니 과연 댱빅이나 신쉬(身手) 건장(健壯)ᄒ여 어려셔 보든 모습이 변ᄒ나 셩음(聲音)이 닉은지라. 반가온 즁 눈물 나믈 씨닷지 못ᄒ더니 홀련 딕풍(大風) 니러나 쥬렴(珠簾)을 거듯치니 댱빅이 슐잔을 밧다가 눈결의 황후을 보고 그 얼굴이 ᄉ비와 갓흐믈 슬허ᄒ여 눈물을 흘이거늘 명졔(明帝) 그 연고(緣故)을 무른딕 댱빅이 탄왈(歎曰),

"우리 셔로 젹국(敵國) 되여 텬ᄒ(天下)을 닷토미 사정(事情)을 니를 빅 아니로되 소장(小將)이 어려셔 쌍친(雙親)을 여희고 남미 의지ᄒᆞ여 지닉더니 동이(洞里) 노고(老姑)의 흉계(凶計)의 색져 외가(外家)로 가더니 즁노의 도적 만나 ᄌᆞ믹을 일흐믹 그씨 소장의 연유(年幼)ᄒᆞ무로 ᄯᆞ르지 못ᄒᆞ고 망극(罔極)ᄒᆞᆫ 즁 집의 도라와 살기을 원치 아니ᄒᆞ더니 셰월이 여류(女流)ᄒᆞ여 지우금(至于今) 목슘을 보젼ᄒᆞ나 믹양 ᄌᆞ믹을 싱각ᄒᆞ면 셜워ᄒᆞ더니 앗가 딕풍(大風)의 쥬렴 즁 부인을 보믹 ᄌᆞ믹와 방불(髣髴)ᄒᆞ기로 ᄌᆞ연 비창(悲愴)ᄒᆞ도소이다."

상이 미답(未答)의 황후 니 말 듯고 좌우을 물니고 급히 나와 장빅의 손잡고 방성대곡(放聲大哭)ᄒᆞ며 오릭도록 말을 못ᄒᆞ다가 정신 찰혀 왈,

"네가 닉 동싱 댱빅이야? 그ᄉᆞ이 죽어드야 ᄉᆞ라 〈28a〉더야? 그씨 도적의게 잡히여 갈 씨의 즁노의셔 너을 일어 엇지훌 쥴 모로더니…."

소상강 원혼(冤魂)을 면ᄒᆞ고 ᄌᆞ연 구ᄒᆞᄂᆞᆫ 스름을 만나 부지(扶持)ᄒᆞ든 말이며 젼후ᄉᆞ(前後事)을 이로니 댱빅이 슬허ᄒᆞ며 희한(稀罕)이 ᄉᆞᄅᆞ나 니쳐로 만나믈 신긔히 넉이고 직시 계ᄒᆞ(階下)의 나려 복지(伏地)ᄒᆞ며 옥식(玉璽)을 올녀 왈,

"신(臣)의 누의 죽은 쥴로 슬허ᄒᆞ여더이 챵텬(蒼天)이

위ᄒᆞ시믈 닙어 목슘을 부지ᄒᆞ여시니 샹(上)이 그 고단(孤單)ᄒᆞ믈 혐의(嫌疑)치 아니ᄒᆞ고 황후을 삼으시니 은혜(恩惠) 망극(罔極)ᄒᆞ온지라. 슈삼연(數三年) 간괘(干戈)의 민심(民心)을 요란케 ᄒᆞ오니 만ᄉᆞ무셕(萬死無惜)181)ᄒᆞ온지라. 복망(伏望) 폐ᄒᆞ(陛下)은 진(陣)을 거두ᄉᆞ 환궁(還宮)ᄒᆞ시믈 바라나니다."

샹이 댱 원슈의 돈슈ᄉᆞ죄(頓首謝罪)182)ᄒᆞ고 옥시을 올임을 보시고 환희(歡喜)ᄒᆞᄉᆞ 위로왈(慰勞曰),

"짐(朕)이 누ᄃᆡ포이(累代布衣)로 졔업(帝業)을 일위시니 경(卿)의 공(功)이 아니면 엇지 이의 이르리요?"

ᄒᆞ시고 즉시 군(軍)을 거두어 황후와 ᄒᆞᆫ가지로 장안의 도라와 만조빅관(滿朝百官)을 모호고 ᄃᆡ연(大宴)을 비셜(排設)ᄒᆞ여 즐기시며 모든 장슈(將帥)의 공(功)을 도 돌ᄉᆡ 댱빅으로 안남왕(安南王)을 ᄒᆞ니시고 니졍으로 졔림후을 ᄒᆞ니시고 뉴괴로 초왕을 ᄒᆞ니시고 빅운현으로 쳥쥬 ᄌᆞ사을 ᄒᆞ니시고 연횡으로 연평후을 봉ᄒᆞ시고 기여(其餘)은 ᄎᆞᄎᆞ 봉작(封爵)ᄒᆞ시며 군졸(軍卒)을 ⟨28b⟩

---

181) 만사무석(萬死無惜) : 만 번 죽어도 아까울 것이 없음.
182) 돈수사죄(頓首謝罪) : 머리를 땅에 닿을 정도로 숙여 용서를 빎.

각각 후상(厚賞)ᄒ시니 환셩(歡聲)이 진동(震動)ᄒ더라. 안남왕이 사은(謝恩)ᄒ고 본국(本國)으로 나아갈ᄉᆡ 왕(王)이 본ᄃᆡ 취쳐(娶妻)치 못ᄒ지라. 이ᄯᅥ 니부상셔(吏部尙書) 소쥬쳘의 녀이(女兒) 현슉(賢淑)ᄒ믈 듯고 샹(上)과 휘(后) 쥬쟝(主掌)ᄒ여 안남왕과 셩혼(成婚)ᄒ니 왕의 션풍도골(仙風道骨)과 왕비(王妃)의 요죠슉덕(窈窕淑德)이 ᄎᆞ등(差等)이 업더라. 샹이 칭찬ᄒ시고 안남(安南)으로 나려가믈 지쵹ᄒ시니 왕이 ᄯᅥ나믈 결연(缺然)ᄒ더라.

왕이 ᄒᆞ즉(下直)ᄒ고 ᄯᅥ나 능쥬의 이르러 션산(先山)의 소분(掃墳)ᄒ고 ᄉᆞ명산의 드러가 션셩게 뵈려 ᄒ더니 그 집도 업ᄂᆞᆫ지라. 방황ᄒᆞᆯ 지음의 ᄒᆞᆫ 목동(牧童)이 일너 왈,

"그ᄯᅥ 션싱은 니 산 신령(神靈)이라. 수고로이 찻지 말나."

ᄒ고 간ᄃᆡ업거늘 왕이 신긔히 넉여 산샹(山上)을 향ᄒ여 무슈사례(無數謝禮)ᄒ고 도라갈ᄉᆡ 쳥쥬의 니르러 상고(商賈)ᄒᄂᆞᆫ 왕평과 노고(老姑)을 잡아드려 문죄(問罪)ᄒᆞᆯᄉᆡ 왕평을 ᄌᆞ져ᄒ여 후일(後日)을 징계(懲誡)ᄒ고 노고(老姑)은 엄형(嚴刑) 졍비(定配)ᄒᆞᆫ 후 왕(王)과 비(妃) 안남국의 도라가 졍ᄉᆞ(政事)을 ᄃᆞ사리니 시화셰풍(時和歲豊)ᄒ며 빅셩이 격양(擊壤)ᄒ니 요슌(堯舜) 일월

(日月)을 드시 본 듯ᄒ더라. 왕이 삼ᄌ이녀(三子二女)을 두어시니 부풍모습(父風母習)183)하여 지지 영쥰(英俊)이라. 장ᄌ(長子)로 셰ᄌ(世子)을 봉(封)ᄒ고 여ᄌ(餘子)은 각각(各各) 군(君)을 봉(封)ᄒ고 이녀(二女)ᄂ 부마(駙馬)을 어더 무강(無疆)ᄒ 복(福)을 누리니 쳔고(千古) 희한(稀罕)ᄒ 일이기로 디강(大綱) 긔록(記錄)ᄒ여 유젼(流傳)ᄒ노라.

---

183) 부풍모습(父風母習) : 모습이나 언행이 아버지와 어머니를 고루 닮음.

해 설

 이 책에서 소개하는 〈장백전〉은 영국 런던에 있는 국립 대영박물관(The British Museum)에서 소장하고 있는 경판본으로 분량은 총 28장이다. 경판본은 현재 발굴된 이본들 가운데 가장 이른 시기에 출판되었으며, 원작과 서사적 차이가 비교적 크지 않을 것이라고 추정된다. 필자는 김동욱 교수가 편한 《영인 고소설 판각본 전집(影印古小說板刻本全集) 5》에 수록된 영인본(影印本)을 교주하고 현대어로 풀이했다.

18세기 '주원장 설화'를 소설화한 초기 영웅소설

 〈장백전〉은 쓰시마에서 조선어 통역사로 활약하던 오다 이쿠고로(小田幾五郎, 1754~1831)가 1794년에 완성한 《싱시기문(象胥紀聞)》에 〈장풍운젼〉, 〈구운몽〉, 〈최현전〉, 〈소대성전〉, 〈임장군충렬전〉, 〈소운전〉, 〈최충전〉과 함께 조선 소설로 기록되어 있다. 이로 미루어 18세기 중

후반에 창작된 것으로 보이는 초기 영웅소설의 하나다. 《상서기문》은 외국인이 바라본 18세기 한반도의 다양한 모습을 담아낸 책으로, '~라고 말한다(~ㅏ云)'라는 표현이 자주 사용되고 있어 저자가 조선인이 제공한 정보를 바탕으로 책의 내용을 서술했음을 알 수 있다. 몇몇 작품은 제목에 더해 창작의 배경이 되는 민간설화가 채록되어 있다. 일례로 조선 후기의 명장인 임경업을 주인공으로 한 〈임장군충렬전〉은 '임 장군 돌비석 설화'와 함께 제시된다. 더불어 명나라 창업 과정을 다룬 〈장백전〉은 '주원장 설화'와 함께 실려 있다. 다음은 경상도(慶尙道) 웅천(熊川) 지역에서 풍문으로 돌던 주원장 설화의 전문을 우리말로 옮긴 것이다.

> 경상도 웅천의 웅산 기슭에 주씨(朱氏) 성을 가진 노부부가 살고 있었다. 그러던 어느 날 학식 있는 스님이 웅산 위에서 그 집 주변에 상서로운 기운이 서려 있는 것을 보고는 곧장 그곳으로 달려가 집안을 둘러보았다. 그 집에는 노부부가 있었는데 자식도 없었고 나이도 이미 팔순은 되어 보였다. 스님이 노인에게 말했다.
> "이 집에서 귀한 아이가 태어날 것입니다. 정성껏

키우십시오."

노부부는 스님의 말을 이상하게 생각했다. 그런데 곧 노부인에게 태기가 있었고 이후 부인은 사내아이를 낳았다. 친척들을 비롯하여 모두가 이상한 일이라 생각하며 끼니도 때우지 못하는 노부부의 형편을 딱하게 여겨 의식에 필요한 것들을 가져다주니 노부부 가족은 별 어려움 없이 지낼 수 있게 되었다.

아이가 다섯 살 무렵, 스님이 다시 와서 일전의 사연을 이야기한 후 말했다.

"이 아이는 하늘의 정기를 타고 태어났습니다. 그래서 천한 집안에서 키우면 단명하게 됩니다. 제가 데리고 가서 산중의 절에서 키우겠습니다."

노부부는 스님의 말을 따르기로 했다.

그 후 스님이 아이를 키웠는데 나이가 열다섯이 되자 아이의 박학함은 이루 말할 수 없을 정도였다. 아이는 전국을 돌아다니다 끝내는 중원에 가서 스님을 버리고 환속한 후 일군의 대장이 되었다. 바로 대명 태조 황제가 이 아이라는 이야기가 있다. 다만, 그 아이의 이름은 주언장(朱彦長)이라고 한다.

그 무렵에는 조선에서 중국에 가는 일이 지금처럼 제한되지 않아 중국에 들어가는 사람들이 많았고 중국 사람들도 조선에 왔다고 한다. 지금도 주가(朱家)의 수는 많은데 웅천의 주가는 주천자(朱天子)의 후손이라고 전해지며 귀하게 여김을 받는다고 한다.

주원장 설화는 조선 후기 민간에 널리 유포되었는데 《상서기문》에 실린 위의 내용은 주원장 설화의 전모를 확인할 수 있는 가장 이른 시기의 기록이다. 주원장이 조선에서 태어났고 부모가 아닌 스님의 손에서 양육되었으며 이후 전국을 떠돌다가 중국에 들어갔다는 어린 시절의 행적을 담고 있다. 주목할 점은 〈장백전〉의 주원장 또한 조선의 빈한한 가정에서 태어나 어려서 부모와 헤어져 스승의 손에 양육되었으며, 이후 정처 없이 떠돌다가 중국으로 간 것으로 나타나 설화 속 주원장과 유사한 행적을 보인다는 것이다. 그러나 〈장백전〉의 주요 서사인 '주원장과 장소저의 결연' 및 '주원장과 장백의 갈등'은 주원장 설화에서는 흔적조차 찾아볼 수 없다. 또한 조선 후기 실학자인 이덕무(李德懋, 1741~1793)가 쓴 《청장관전서(靑莊館全書)》〈서해여언(西海旅言)〉에는 "명 태조의 조상은 삼척에서 났다(明太祖之先出於三陟)"라는 내용이 있는데, 이는 《상서기문》보다 20년 이상 앞선 1768년 10월의 일을 기록한 것으로 이미 영조(英祖) 연간(1724~1793)에는 주원장을 조선인으로 왜곡한 이야기가 떠돌았음을 알 수 있다. 이러한 양상은 〈장백전〉이 당대에 널리 유포되었던 '주원장 설화'를 수용하여 작품의 서사를 구성하였음을 보여준다.

새로 쓴 명나라 창업기, 활자본 〈일세명장 장백전〉

고소설은 손으로 쓴 '필사본'과 판매를 목적으로 간행한 목판 인쇄물인 '방각본', 20세기 이후에 등장한 '활자본'의 형태로 남아 있다. 〈장백전〉 또한 김광순 소장본을 비롯한 여러 종의 필사본과 방각본의 하나인 경판본 및 활자본으로 현전한다. 경판본은 1850년대 영웅소설을 중심으로 경판본이 유통될 때 간행된 것으로 보여 여러 이본 가운데 가장 이른 시기에 나온 것으로 추정되며 내용면에서도 원작과 가장 유사할 것으로 보인다. 김광순본 계열의 필사본들은 경판본에 새로운 이야기 단락을 추가하여 서사적 재미를 추구한 것으로 추정된다.

활자본은 1914년부터 1964년까지 반세기 동안 덕흥서림을 비롯한 여러 출판사에서 15회 이상 출판되었으나 표기상의 차이가 있을 뿐 내용은 다르지 않다. 또한 경판본

대영박물관 소장 경판28장본 〈당백전 권지단〉의 첫 면

과 김광순본 계열의 필사본 내용을 수용하여 전체적인 서
사 골격은 경판본과 대동소이하나 기존의 서사에 당대 인

기를 얻었던 여러 이야기를 첨가해 작품의 통속적 재미를 강화했다. 그러나 서사 초반에 장백이 세 명의 여성과 결연하는 과정이 매우 흥미롭게 전개되고, 서사 후반 원나라의 멸망과 명나라의 건국 과정이 도술전(道術戰)을 방불케 하며 매우 긴장감 있게 그려지는 등 적지 않은 차이를 보이기도 한다. 경판본과 비교하여 1916년에 한성서관에서 발행한 〈일세명장 장백전(一世名將 張伯傳)〉의 내용을 살펴보고자 한다.

작품의 첫머리부터 장백이 천관도사에게 재주를 배우고 하산하기까지를 다룬 활자본의 전반부 서사는 경판본에는 없는 장공의 부인이 월궁 선녀가 계수나무 꽃가지를 주는 꿈을 꾸고 장 소저를 낳았다는 이야기가 추가되거나 등장인물의 이름, 성별 및 나이 등이 차이를 보일 뿐 사건의 전개 과정뿐 아니라, 구체적인 표현에 이르기까지 대체로 경판본과 대동소이하다.

활자본의 서사가 경판본과 다양한 차이를 보이기 시작하는 것은 장백이 사명산을 내려온 직후부터다. 가장 눈에 띄는 것은 장백의 혼인 대상과 그 과정이다. 경판본의 장백이 주원장에게 옥새를 바친 뒤 안남왕이 되어 황제와 황후의 주관으로 소주철의 딸과 혼인한다면, 활자본에서는 천관도사와 헤어진 직후 장백이 세 명의 소저를 아내로 맞는 과정이 흥미롭게 전개된다. 활자본의 장백은 천관도사와 헤어져 '철장검'을 타고 중원으로 가던 중 절강 강서촌에서 이 승상과 양 추밀의 딸들을 희롱하던 세 명의 중을 도술로 물리치고 두 소저와 혼인을 약속한 뒤 다시 길을 떠난다. 낙양 동촌에 이르러서는 시비 향운의 악귀(惡鬼)가 복중(腹中)에 들어가 병들어 죽게 된 김 승상의 딸을 구하고 그녀와 혼례를 올리는데, 이후 김 소저의 청으로 이 소저 및 양 소저와도 혼인하고 네 사람은 김 승상의 집에서 함께 살게 된다.

반년 후, 장백은 천문을 보고 원나라의 운수가 다한 것을 알고는 급히 중원으로 가던 중 이정 및 백운단 삼 형제를 만난 뒤 세 소저에게 연통을 넣어 삼천 창두(蒼頭)를 지원받는데, 이들은 이후 장백 군의 밑천이 된다. 경판본에서는 장백과 이정이 우연히 만나 별다른 갈등 없이 의기투합하는 것으로 나타나지만 활자본에서는 절대가인인 홍불기로 인해 장백에게 적개심을 품은 이정의 모습과 그 마음을 눈치 챈 홍불기가 장백을 십 년 만에 만난 오라비라 속여 둘의 갈등을 해소하는 내용이 추가되기도 한다.

활자본에 나타난 원나라의 멸망 및 명나라의 건국 과정 또한 경판본과 적지 않은 차이를 보인다. 먼저, 경판본에서 단양 태수 이연횡은 장백과 동문수학한 사이로 장백을 도우라는 천관도사의 말을 외면하고 장백에게 맞서다가 생포되어 처형될 위기에 놓이자 항복한다. 그러나 활자본의 이연횡은 서호 대사의 제자로 호표(虎豹)와 신병(神兵)을 부리며 대단한 기세를 떨치다가 장백에게 패하여 자결을 결심하는데 그의 재주를 아낀 장백이 회유하여 투항한다. 이 과정이 흡사 도술전(道術戰)을 방불할 만큼 흥미롭게 전개된다. 또한 경판본에서 원나라 병마도총사 권행은 장백의 군사들과 싸우다 목숨을 잃은 원나라의 마지막 장수로 등장하나, 활자본에서는 이연횡과 동문수학한 사이로 장백 군을 상대로 선전하던 중 원나라의 운수가 다했다는 고산 대사의 말과 이연횡의 회유로 장백에게 투항하며 이후 장백의 선봉장이 되어 원나라 대원수 한충국을 죽이고 원제(元帝)의 항복을 받아내는 데 결정적인 역할을 한다.

두 이본에는 옥새를 손에 넣은 장백과 장안을 차지한 주원장의 치열한 전투와 결국 장백이 옥새를 바쳐 투항한다는 내용이 담겨 있다. 그러나 그 과정에 나타난 명나라 건국 시점이나 장백의 투항 계기는 적지 않은 차이를 보인다. 경판본에서 장안을 차지한 주원장은 바로 황제가 되어 장 소저를 황후로 봉하며, 이후 승상 유기와 병부상서 유문정을 보내 장백의 군사들과 접전을 벌이다 대패하자 친정에 나선다. 이때 황후의 청으로 장백의 실체를 확인하고자 연 잔치에서 장백과 장 황후가 남매라는 사실이 밝혀지자 장백은 주원장에게 옥새를 바쳐 항복한다. 이에 비해, 활자본의 주원장은 장안 점거 후 한동안 황제의 자리에 오르지 않다가 장백의 공격이 거세진 이후에 명나라를 세운다. 또한 장백과 싸우다 대패하여 황성 문을 굳게 닫았다가 이정의 포위로 식량마저 끊기는 상황에 직면하기도 한다. 이때 유기가 주원장과 옷을 바꿔 입고 황제인 척 장백에게 항복하는데 주원장은 이 틈을 타 백제성으로 도망한다. 이 사실을 안 장백은 친히 군사들을 거느리고 황성에 들어가 황후와 궁녀를 잡아 가두고 택일하여 황제가 되려고 한다. 그런데 이날 밤, 4~5년 만에 나타난 천관도사에게 천자는 주씨(朱氏)니 그를 도우라는 말을 듣고 후원을 거닐다가 황후가 된 장 소저를 만나 천명을 깨닫고 주원장을 불러 옥새를 바쳐 투항한다.

더불어 활자본은 경판본에 비해 주원장의 서사를 풍성하게 담고 있다. 대성사 부처의 귀를 잡고 흔들며 자기가 대명 황제가 될지를 말하라며 윽박지르는 주원장의 호기로운 모습이나 그의 부친이 적선을 일삼다가 당세 영웅 주원장을 얻었다는 등의 내용이 첨가되어 있는 것이다. 이러한 양상은 활자본이 경판본과 기본적인 서사 골격을 공유하면서도 새로운 사건을 추가하고 기존 서사에 극적인 변화를 주는 가운데 등장인물을 생동감 있게 그려냄으로써 작품의 서사적 재미를 한층 강화하였음을 보여 준다.

조선 출신 걸인 주원장, 변화한 대청인식의 문학적 반영

영웅소설은 조선 후기에 커다란 인기를 누렸던 고소설 유형으로, 고귀한 집안에서 부모가 노년에 힘들게 얻은 주인공이 부모의 죽음이나 유배로 인한 유년 시절의 고난을 극복하고 외적이나 간신을 무력(武力)으로 물리쳐 나라를 수호함으로써 부귀영화를 누린다는 내용을 골자로 한다. 이 과정에서는 필연적으로 위기에 처한 천자로 대변되는 황실과 조정의 폐단이 그려지기 마련인데, 이러한 까닭에 영웅소설은 "정치적 색채를 많이 띤" 작품 유형으로 평가되기도 했다. 그런데 〈장백전〉은 구국(救國)의 영웅을 주인공으로 하는 일반적인 작품들과는 달리, 원나라를 무너뜨리고 새로운 왕조인 명나라를 창업하는 과정을 담고 있다. 이러한 서사는 조선 후기 집권층의 실정(失政)으로 비롯된 각종 폐단이 있었음을 근거로 상상적 차원에서나마 역성혁명을 구현한 것으로 해석되거나 혹은 새 왕조가 명나라임을 바탕으로 창작 당대에 만연했던 숭명배청(崇明排淸) 의식이 문학적으로 반영된 것으로 이해되었다. 그런데 이 작품에서 주인공 장백은 결국 창업주가 되지 못한다. 이러한 실패는 영웅의 일대기를 서사화한 영웅소설에서는 쉽게 찾아볼 수 없는 서사적 반전이다. 〈장백전〉이 창업에 실패한 영웅인 장백을 주인공으로 선택한 이유는 무엇일까.

〈장백전〉은 1368년 몽골족이 세운 원나라를 무너뜨리고 약 삼백 년 동안 중원을 지배한 한족(漢族)의 왕조인 명나라의 창업 과정을 담고 있다. 특이한 점은 창업주의 자리를 다투는 이들이 허구적 인물인 장백과 명나라를 건국한 역사적 인물인 주원장이라는 것이다. 또한 장백은 한나라 개국공신 장량(張良, ?~BC 186)의 후예로 천관도사에게 재주를 배웠으며 확고한 창업 의지를 지닌 영웅이나, 주원장은 조선 출신 걸인으로 처음 본 여자의 손을 잡기도 하고 자기를 양육한 스승을 죽이는 등 중화(中華)의 상징인 명 태조 하기에는 합당치 않은 모습을 보이는데 이 정도의 역사 왜곡은 현대 서사물에서도 흔치 않다. 또한 이 둘은 각각 '옥새'와 '장안'을 차지하고 팽팽하게 맞서는데 결국 승리의 기선을 잡은 것은 장백이었다. 그러나 장백은 승리의 목전에서 천관도사에게 천명은 주씨(朱氏)에게 있으며 잃어버린 누이가 명나라 황후라는 말을 듣게 된다. 그리고 얼마 뒤 죽은 줄 알았던 누이가 명나라 황후가 된 것을 보고는 그 자리에서 주원장에게 옥새를 바치고 투항한다. 그간 진천자가 주씨라는 말을 믿지 않았던 장백이 황후가 된 장 소저를 보고는 마침내 주원장에게 천명이 있음을 인정한 것이다. 즉, 〈장백전〉은 한족인 장백이 조선 출신의 걸인인 주원장을 상대로 패권을 다투다가 주원장에게 천명이 있음을 인정하게 되는 과정을 그린 작품이라 할 수 있다. 그렇다면 〈장백전〉에서 말하는 '천명(天命)'이란 무엇을 의미할까.

대부분의 우리나라 영웅소설 작품은 명나라 및 송나라와 같은 한족의 왕조들을 배경으로 하여 '오랑캐'라 불리는 이민족의 침입을 물리치는 주인공의 영웅담을 서사화한다. 그리고 이러한 작중 대결 구도에는 병자호란 이후 한반도에 형성된 명나라에 대한 의리를 지키고 청나라를 배척하자는 당대인들의 보편적인 생각이 반영되어 있다. 그러나 〈장백전〉이 창작된 18세기 무렵, 명나라는 이미 역사 속으로 사라졌으며 청나라는 '호운불백년(胡運不百年)' 즉, 오랑캐의 운수는 백 년을 넘지 못한다는 오랜 믿음을 깨고 100년이 넘는 시간 동안 중원을 통치하고 있었다. 뿐만이 아니라 강희제(康熙帝)에서 옹정제(雍正帝),

건륭제(乾隆帝)로 이어지는 삼대(三代) 성군을 배출하며 정치적 안정과 문화적 번영을 누렸다. 조선에서는 청나라의 문물과 학술을 배우자는 북학운동(北學運動)이 일어나기도 했다. 이는 청나라에 대한 인식의 변화를 보여 준다. "하늘은 말없이 성과로서만 보여 준다(天不言以行與事示之)"는 연암 박지원의 말은 한족의 전유물로 여겨지던 '천명'이 이민족이 세운 청나라에 있음을 인정한 것이라 할 수 있다. 〈장백전〉의 서사는 바로 조선이 오랑캐라 무시하던 청나라가 중원을 차지한 것과 무관하지 않다.

〈장백전〉에 등장하는 주원장과 장백의 인물 형상에는 중국에 대한 당대인의 인식이 반영되어 있다. 먼저 주원장에게서는 중화의 상징인 명나라 태조를 동국 출신의 걸인으로 격하했다는 점에서 존명 의식의 소멸을 엿볼 수 있다. 기실 명 태조의 국적 왜곡은 명나라가 건재했다면 일어날 수 없는 불경한 일이기 때문이다. 또한 작중 주원장은 동국 출신의 걸인임에도 불구하고 '천명'에 의해 천자가 되는데, 이러한 설정은 당대 중원의 주인인 청나라에 천명이 있음을 인정한 작자의 인식이 반영된 것이다. 따라서 〈장백전〉의 주원장은 망해 버린 명나라 태조임과 동시에 당대 중원의 주인인 청나라를 상징한다.

당대의 보수적인 관점에서 보자면, 창업주의 천명은

한족인 장백에게 있어야 마땅하다. 그러나 장백은 혈통과 능력 그리고 굳센 창업 의지에도 불구하고 결국은 창업주가 되지 못하는데, 이러한 장백의 모습은 한족에게 더 이상 천명이 존재하지 않음을 보여 준다. 또한 장백은 죽었다고 믿은 누이가 명나라 황후라는 천관도사의 말을 두 눈으로 확인한 후에야 비로소 주원장에게 천명이 있음을 인정한다. 이러한 장백의 모습은 오랜 번영을 지켜본 후에야 청나라에 천명이 있음을 인정한 조선인들과 같다. 따라서 장백은 천명이 떠난 한족을 상징하는 동시에 청나라의 존재를 인정해 가는 조선인을 상징한다고 할 수 있으며, 장백을 주인공으로 설정한 것은 작자가 청나라에 대한 조선의 인식 변화에 초점을 두고 있음을 방증한다. 다시 말해, 〈장백전〉은 청나라에 대한 조선의 변화한 인식을 역사적 인물인 주원장과 허구적 인물인 장백을 통해 상징과 은유로써 절묘하게 구현해 낸 것이다.

〈장백전〉은 수많은 영웅소설 작품 가운데 비교적 초기에 창작된 작품으로 민간에 유포된 주원장 설화를 수용하여 명나라 창업 과정을 허구적으로 그려 낸 매우 독특한 작품이다. 또한 이 작품은 조선 출신 주원징이 천명으로 명나라 천자가 되었다는 허구적 서사를 통해, 천명이 중화를 떠나 이민족에게도 존재할 수 있음을 보여 줌으로써 오랜 시간 오랑캐라 비하하던 청나라에 대한 새로운 인식을 표출한다.

〈장백전〉은 역동하는 조선 후기의 시대사상을 날카롭게 반영하며 문학의 대사회적 역할을 충실히 수행한 작품이다. 이후 명나라 창업 과정을 그린 〈유문성전〉이나 〈주원장창업실기〉, 〈석일태전〉과 같은 여러 작품의 창작에 영향을 미치는 가운데 20세기 중반까지 무려 이백 년 동안이나 독자들의 사랑을 받았다. 이러한 사실은 우리 소설사에서 〈장백전〉이 남다른 위상과 서사적 재미를 지닌 주목할 만한 작품임을 여실히 보여 준다.

참고문헌

- 김용기, 〈〈장백전〉에 나타난 천관념 고찰〉, 《어문론집》 33, 중앙어문학회, 2005.
- 이덕무 저, 민족문화추진위원회 역, 〈서해여언〉, 《국역 청장관전서 X》 62, 민족문화문고간행회, 1978.
- 임성래, 〈영웅소설과 사회, '장백전'을 중심으로〉, 《원우론집》 12-1, 연세대학교 대학원, 1984.
- 임성래, 위의 논문, 11~12쪽; 서대석, 《군담소설의 구조와 배경》, 이화여자대학교 출판부, 1985.
- 주수민, 〈〈장백전〉의 형성동인과 주제의식〉, 《어문연구》 41-2, 한국어문교육연구회, 2013.

- 조성산, 〈18세기 후반~19세기 전반 대청인식의 변화와 새로운 중화 관념의 형성〉, 《한국사연구》 145, 한국사연구회, 2009.
- 정상진, 〈〈장백전〉과 〈유문성전〉의 구조와 두 가지 문제〉, 《우암사려》 4, 부산외국어대학교 국어국문학과, 1994.
- 최명자, 〈〈장백전〉 연구〉, 한국교원대학교 석사논문, 2000.

옮긴이에 대해

　주수민(周修旼)은 서울에서 출생했다. 홍익대학교 국문과를 졸업하였고 뒤늦게 공부를 다시 시작하여 충북대학교 교육대학원에서 국어교육을 전공하여 교육학 석사 학위를 받았다. 이후 한국학중앙연구원 한국학대학원 박사과정에 진학하여 고소설을 공부하고 2017년 〈고전소설에 나타난 중국인식 연구―원·청 배경 작품을 중심으로〉라는 논문으로 박사학위를 받았다. 홍익대학교 및 남서울대학교에서 시간 강의를 하였으며, 홍익대학교에서 박사후연구원으로 2년간 근무한 뒤 2020년부터 현재까지 한국학중앙연구원 전통한국연구소에서 학술연구교수로 재직 중이다. 처음에는 중국 배경 작품들이 다수를 차지하는 고소설의 서사적 특성을 고려하여 고소설의 '중국 배경'에 학문적 관심을 가지고 해당 작품들에 나타난 중국에 대한 작자 인식을 연구했고 이를 통해 중국 배경 고소설 작품들이 중국에 대한 소설 향유자들의 인식을 상당히 입체적으로 반영하고 있다는 사실을 확인했다. 그리고 그 과정에서 고소설의 시공간 배경에 대한 실증적인 검토의 필요성을 인식하고 현전하는 상당수의 작품을 검토의 대상으로 하여 유형별로 배경 연구를 수행하기도 했다. 현재는 중국의 역사적 왕조를 배경으로 서사를 전개하고 있는 조선 후기 장편소설 작품들을 대상으로 각 작품에 나타난 중국의 역사담이 어떠한 서사적 기능을 수행하고 있는가를 연구하고 있다. 〈〈장백전〉의 형성동인과 주제의식〉 및 〈〈현수문전〉 이본 연구〉를 비롯하여 〈조선 후기 가문소설의 시·공간 배경과 재위 황제〉, 〈광무제 시대 배경의 한국 고소설 〈옥환기봉〉의 서사적 의의 - 중국 TV 사극 〈수려강산지장가행〉과의 비교를 중심으로〉, 〈〈화정선행록〉의 창작방식 연구 - 역사 인물의 소설화 양상과 방식을 중심으로〉 등 여러 편의 논문을 학계에 발표했다.

장백전

작자 미상
옮긴이 주수민
펴낸이 박영률

초판 1쇄 펴낸날 2023년 11월 28일

지만지한국문학
출판등록 제313-2007-000166호(2007년 8월 17일)
02880 서울시 성북구 성북로 5-11
전화 (02) 7474 001, 팩스 (02) 736 5047
commbooks@commbooks.com
www.commbooks.com

ⓒ 주수민, 2023

지만지한국문학은
커뮤니케이션북스(주)의 한국 문학 출판 브랜드입니다.
이 책은 저작권자와 계약하여 발행했으므로, 본사의 서면 허락 없이는
어떠한 형태나 수단으로도 이 책의 내용을 이용할 수 없습니다.

ISBN 979-11-288-2776-1 03810

책값은 뒤표지에 있습니다.